복 있는 사람

오직 여호와의 율법을 즐거워하여 그 율법을 주야로 묵상하는 자로다.
저는 시냇가에 심은 나무가 시절을 좇아 과실을 맺으며 그 잎사귀가 마르지 아니함 같으니
그 행사가 다 형통하리로다. (시편 1:2-3)

오늘부터,
다시, 기도

Praying the Bible

Donald S. Whitney

오늘부터,
다시, 기도

도널드 휘트니 지음 | 김기철 옮김

복 있는 사람

오늘부터, 다시, 기도

2016년 11월 3일 초판 1쇄 발행
2025년 4월 25일 초판 16쇄 발행

지은이 도널드 휘트니
옮긴이 김기철
펴낸이 박종현

(주) 복 있는 사람
주소 서울특별시 마포구 연남동 246-21(성미산로23길 26-6)
전화 02-723-7183(편집), 7734(영업·마케팅)
팩스 02-723-7184
이메일 hismessage@naver.com
등록 1998년 1월 19일 제1-2280호

ISBN 979-11-7083-257-7 03230
이 도서의 국립중앙도서관 출판예정도서목록(CIP)은
서지정보유통지원시스템 홈페이지(http://seoji.nl.go.kr)와 국가자료공동목록시스템
(http://www.nl.go.kr/kolisnet)에서 이용하실 수 있습니다. (CIP 제어번호: 2016024844)

Praying the Bible
by Donald S. Whitney

Copyright © 2015 by Donald S. Whitney
Originally published in English as *Praying the Bible* by Crossway
a publishing ministry of Good News Publishers
1300 Crescent Street, Wheaton, Illinois 60187, U. S. A.
All rights reserved.

This Korean translation edition © 2016 by The Blessed People Publishing Inc.,
Seoul, Republic of Korea.
This Korean edition published by arrangement with Crossway
through rMaeng2, Seoul, Republic of Korea.

이 한국어판의 저작권은 알맹2 에이전시를 통하여 Crossway와 독점 계약한
(주) 복 있는 사람에 있습니다. 신 저작권법에 의하여 한국 내에서 보호받는 저작물이므로
무단 전재와 무단 복제를 금합니다.

하나님의 말씀은 기도의 날개가 됩니다.

차례

1. 문제 9
2. 해결책 25
3. 방법 33
4. 방법에 덧붙여 39
5. 시편으로 기도하기 57
6. 성경의 다른 책으로 기도하기 73
7. 이 책에서 가장 중요한 부분 85
8. 경험의 평가 89
9. 우리가 배운 것들 109
10. 몇 가지 사례: 조지 뮬러, 십자가 위의 예수님, 사도행전의 그리스도인들 113

부록. 모임에서 말씀으로 기도하기 125

도표 '오늘의 시편' 131
주 132
찾아보기 138

1. 문제

하나님과 대화하면서
지루해하는 이유는 무엇일까요?

어떤 일이나 사람들을 위해 기도하려고 할 때 말씀이 내 기도를 이끌도록 맡기지 않으면 여러 가지 문제가 발생한다. 우선 심하게 중언부언하는 기도로 흘러가게 된다……처음부터 끝까지 똑같은 내용을 반복하게 된다. 또 한 가지 문제는 마음이 길을 잃고 헤매게 되는 것이다. — 존 파이퍼 John Piper

기도가 하나님과 나누는 대화라고 하면서 왜 사람들은 더 열심히 기도하지 않을까요? 왜 하나님의 사람들이 더욱 **즐겁게** 기도하지 못할까요? 내가 판단하기에, 사람들—진실로 거듭나서 참 그리스도인이 된 사람들—이 기도하지 않는 주된 이유는 단지 기도하고 싶지 않기 때문입니다. 그리고 기도하고 싶지 않은 이유라는 것도 기도가 대체로 진부하고 뻔한 일에 관해 진부하고 뻔한 말을 반복하는 것으로 흘러 버리기 때문입니다.

이제까지 진부하고 뻔한 일에 관해 수도 없이 진부하고 뻔한 말을 해왔는데, 또 그래야 한다면 기분이 어떨까요? 혹시 지금 '지' 자로 시작되는 말을 마음에 떠올렸나요? 맞습니다. 지루합니다. 우리 인생에서 가장 소중한 일을 두고 우주에서 가장 멋진

분과 대화를 나누면서도 지루해 나가떨어질 수 있습니다.

그 결과 참 많은 그리스도인들이 다음과 같은 결론을 내립니다. "내가 그렇지 뭐. 내게 잘못이 있는 거야. 기도처럼 중요한 일을 하면서 지루해하다니, 나는 수준 낮은 그리스도인이 분명해."

사람들이 하나님과 대화하면서, 그것도 자기에게 지극히 소중한 일로 대화하면서 지루해하는 이유가 무엇일까요? 우리가 하나님을 사랑하지 않아서 그럴까요? 솔직히 말해 우리가 기도하는 문제나 사람들에 대해 별로 관심이 없기 때문일까요? 아닙니다. 여러분이 체험하는 기도가 겉으로는 이처럼 마음을 산만하게 하고 지루하게 만들지 모릅니다. 하지만 여러분 안에 성령께서 거하신다면, 다시 말해 여러분이 거듭난 사람이기만 하다면, 문제는 여러분 자신이 아니라 여러분이 기도하는 방법에 있다고 분명하게 이야기할 수 있습니다.

성령께서 임재하셔서 기도하도록 격려하신다

위에서 주요 조건으로 제시한 "여러분 안에 성령께서 거하신다면"이라는 말에 주목하십시오. 이는 성령께서 거하시지 않는 사람에게서는 어떤 방법으로도 기도가 불타오르게 만들 수 없기 때문입니다. 그런 사람은 기도하려는 뚜렷한 욕구도 없고 기도에 대한 끈질긴 열망도 없습니다.

하나님께서는 예수 그리스도를 통해 어떤 사람과 관계를 맺으실 때 성령을 매개로 그 사람 속에 살기 시작하십니다. 사도 바울이 에베소서 1:13에서 예수를 따르는 사람들을 가리켜 "그 안에서 너희도 진리의 말씀 곧 너희의 구원의 복음을 듣고 그 안에서 또한 믿어 약속의 성령으로 인치심을 받았으니"라고 말한 것과 같습니다. 또 고린도전서 6:19에서 바울은 "너희 몸은 너희가 하나님께로부터 받은 바 너희 가운데 계신 성령의 전인 줄을 알지 못하느냐"라는 말로 그리스도 안에 속한 자들에게 확신을 심어 줍니다.

여러분이 어디에 있든 그곳에 여러분과 여러분의 인간성이 공존하는 것처럼, 성령께서 어떤 사람에게 들어가실 때면 그 사람 안에서 성령은 그 거룩한 본성과 동시에 존재하십니다. 그 결과 성령께서 거하시는 사람은 누구나 성령의 내주하심을 누리기 전에는 전혀 경험하지 못했던 새롭고 거룩한 갈망과 성결한 사랑을 지니게 됩니다. 전에는 지루하거나 무의미하다고 여겼던 하나님의 거룩한 말씀을 사모하게 됩니다(벧전 2:2). 하나님의 사람들과 교제하기 좋아하며, 그들과 나누는 의미 충만한 상호 관계에서 떨어져 산다는 것은 상상조차 할 수 없음을 깨닫습니다(요일 3:14). 성령께서 거하시는 마음과 정신은 이전에는 미처 알지 못했던 거룩한 갈망을 느낍니다. 죄 없이 성결한 몸으로 살고자 애쓰며, 더 이상 유혹에 휘둘리지 않는 거룩한 정신을 추구하며, 거룩한 사람들로 세워지는 거룩한 세상을 꿈꾸며, 마침내 천사들이 "거룩하다 거룩하다 거룩하다"라고 찬양하는 그분을 뵙기를 간절히 바랍니다(계 4:8).

이것은 하나님의 영께서 살고 계시는 마음에서 온전하게 작동하는 영적 박동입니다. 비록 아홉 살에 불과한 아이일지라도 성령께서 그에게 임하시면 이런 갈망과 목마름이 그 속에서 솟구치게 됩니다(물론 아홉 살 난 아이의 방식으로 나타나겠지만, 성령께서 함께하시기에 그에게서도 그런 갈망과 목마름이 자라납니다). 또 어떤 사람은 나이가 아흔아홉 살에 이르렀고 마음은 오랜 세월의 경험과 전통으로 두텁게 덮였지만, 내면에서 울리는 박동은 성령께서 거하시는 모든 사람에게서 볼 수 있듯이 성령의 역사로 인해 늘 푸르고 언제나 생생합니다.

신약성경의 로마서와 갈라디아서에 따르면, 성령께서 모든 그리스도인에게 일으키는 또 한 가지 초자연적 마음의 변화는 그들로 하여금 "아빠 아버지"라고 외칠 수 있게 하는 것입니다

(롬 8:15, 갈 4:6).¹ 따라서 어떤 사람이 거듭날 때 성령께서는 그에게 아버지를 향한 새로운 갈망과 하늘나라를 향한 새로운 소망을 부어 주시기 때문에 우리는 "아빠 아버지"라고 외칠 수 있게 됩니다. 달리 말해, 성령을 모신 모든 사람은 누구나 진심으로 기도하기를 원합니다. 성령께서는 모든 자녀들이 하나님을 자기 아버지로 믿게 하며, 또 그들에게 아버지와 대화하고 싶은 끝없는 열망을 불어넣어 줍니다.

"내게 뭔가 잘못이 있는 게 분명해"
하지만 성령께서 불러일으킨 이런 열망이 우리 영혼을 밀어붙이는 형편에서도 우리는 그와 상충하는 경험을 합니다. 그 경험에 따라 우리는 "내가 기도하기는 하지만 솔직히 말해 기도가 지루하다"라고 말합니다. 그리고 기도가 지루하니 기도하고 싶지가 않습니다. 또 기도하고 싶지 않으니 선뜻 기도에 나서기가 어렵습니다. 겨우 5분에서 6분 정도 기도하고는 영원처럼 느낍니다. 기도하는 시간 중 절반쯤은 마음이 곁길로 빠져 방황합니다. 그러다 갑자기 정신을 차리고는 "내가 지금 무엇을 한 거야? 몇 분 동안이나 하나님에게서 마음이 떠나 있었네"라고 생각합니다. 그러고는 지금까지 수없이 되풀이해 온 정신의 각본으로 다시 돌아옵니다. 하지만 얼마 지나지 않아 마음은 다시 방황하기 시작하는데, 그도 그럴 것이 진부하고 뻔한 일에 관해 진부하고 뻔한 말을 수도 없이 되풀이해 왔기 때문입니다.

그래서 우리는 이렇게 결론을 내립니다. "내가 그렇지 뭐. 기도는 이렇게 하는 게 아니야. 내가 볼 때 나는 열등한 그리스도인이 분명해."

아닙니다. 분명 문제는 여러분에게 있는 것이 아닙니다. 여러분의 방법이 문제입니다. 만일 여러분이 자기 힘을 의지하는 삶과 죄에서 돌이켜 예수 그리스도를 믿고, 그분께서 여러분을 하나님과 바른 관계로 회복하셨음을 신뢰한다면, 하나님께서는 이미 여러분에게 성령을 주신 것입니다. 또 여러분이 예수 그리스도의 주권과 하나님 말씀(성경)의 권위에 순종하여 살려고 애쓰고, 알고 있는 죄를 고백하며, 뿌리 깊은 죄의 성향을 변명하는 대신 죄와 맞서 싸우려 애쓴다면, 기도를 지루해하는 문제의 원인은 여러분이 아니라 여러분의 방법에 있는 것이 확실합니다.

그런데 대부분의 그리스도인들이 기도할 때 진부하고 뻔한 일에 대해 진부하고 뻔한 말을 쏟아 놓는 방법을 사용합니다. 나는 40년의 목회 경험을 통해, 이 문제가 거의 보편적으로 널리 퍼졌다고 확신하게 되었습니다. 대부분의 신앙인들이 그리스도인의 삶을 시작할 때부터 이런 기도 습관 때문에 어려움을 겪는 것으로 보입니다.

기도가 매번 동일한 문구로 되풀이된다면 그런 기도 관례의 가치에 대해 의문을 품게 되는 것도 당연합니다. 우리의 기도가 우리 자신을 지루하게 만든다면 하나님께서도 그런 기도에 지루해하시지 않을까요? 우리가 이런 식으로 되풀이하는 말을 정말 하나님께서 들으실 필요가 있을까요? 전에 어떤 소녀의 이야기를 들었는데, 우리도 그 소녀처럼 생각할 수 있습니다. 소녀의 부모는 오래전부터 전해져 온 어린이 취침 기도를 딸에게 가르쳤습니다. 기도는 "이제 자리에 누워 잠을 청합니다"라는 구절로 시작합니다. 어느 날 밤, 소녀는 생각했습니다. '내가 또 이렇게 말하는 것을 하나님이 왜 들으셔야 할까?' 그래서 아이는 자신의 기도를 녹음해서 잠자리에 들 때마다 틀었다고 합니다.

이 이야기를 듣고 그저 웃을지도 모르겠습니다. 하지만 여러분의 머릿속에도 이처럼 녹음된 기도가 들어 있습니다. 차이가 있다면 조금 더 길거나 세련된 것일 뿐이지요. 여러분도 머릿속에 기도―여러분 자신이나 다른 사람들의 기도―를 녹음해 놓고서 별생각 없이 반복할 수 있습니다.

나는 시카고에 있는 한 교회에서 15년 가까이 목회를 했습니다. 어느 주일 아침이었습니다. 예배 중 헌금 순서가 되어 헌금위원들이 앞으로 나와 섰고 그 가운데 한 사람이 기도를 시작했습니다. 그 사람이 기도하는데 또 다른 누군가가 말하는 소리가 들렸습니다. 저는 그 사람이 곧 멈추겠지 생각했습니다. 곧이어 목소리의 주인공이 어린아이라는 것을 깨닫고는 속으로 어른이 아이를 즉시 제지할 것이라고 생각했습니다. 그러나 아이의 말은 계속 이어졌고, 저는 눈을 가늘게 뜨고 살펴보았습니다. 두 번째 줄에 있는 그 아이는 그때 기도하던 헌금위원의 다섯 살 난 아들이었습니다. 순간 모든 게 확실해졌습니다. 소년은 자기 아버지와 똑같은 기도를 하고 있었습니다. 아버지를 따라 말하는 게 아니라 동시에 한 목소리로 기도했습니다. 전체 회중이 한 목소리로 '주기도문'으로 기도하는 것처럼 말이지요. 물론 이 경우에는 아버지와 아들이 '아빠표 기도문'으로 함께 기도한 것입니다. 어린 꼬마가 어떻게 그럴 수 있었을까요? 아이의 아버지가 기도할 때마다, 교회에서 성찬 예식을 행할 때든 집에서 식사 기도를 할 때든 언제나 똑같은 기도를 해왔던 까닭입니다. 소년은 세상에서 겨우 60개월을 살아왔으나 자기 아버지가 기도할 때마다 말하는 모든 것을 머릿속에 담아 놓았습니다. 아이는 그 기도를 말로 표현할 수는 있었으나 그 입에서 나온 것은 다섯 살

소년의 지성으로 볼 때 대부분 공허한 구절을 반복한 것에 불과했습니다.

여러분의 가정이나 교회에, 아니면 여러분이 활동하는 주변에도 꼭 그런 사람들이 있습니다. 어떤 사람이 정해진 순서에 따라 혹은 요청을 받아 기도하는데, 언제나 똑같은 기도를 되풀이하기에 여러분도 그대로 흉내 낼 수 있게 기도하는 사람들 말입니다. 그런 기도는 들어도 우리 마음에 아무런 감명을 주지 못합니다. 그저 예의상 들어 줄 뿐이지요.

단일한 기도로는 기도의 삶을 온전히 세우기가 어렵습니다. 다양성 없는 기도는 결국 무의미한 말이 되어 버립니다. 예수님께서도 이런 식으로 기도하는 것을 두고 헛되이 기도하는 것이라고 말씀하셨습니다. 산상수훈에서 "기도할 때에 이방인과 같이 중언부언하지 말라. 그들은 말을 많이 하여야 들으실 줄 생각하느니라"고 경계하신 데서 알 수 있습니다(마 6:7).

비극은 우리의 기도가 너무도 자주 그런 식으로 이루어진다는 데 있습니다. 우리는 기도를 믿으며, 하나님의 영은 우리를 재촉해 기도하게 하십니다. 그런데도 우리가 늘 진부하고 뻔한 일에 대해 진부하고 뻔한 말을 해대는 까닭에 우리의 기도가 "중언부언"하는 것처럼 보일 수 있습니다. 이 때문에 하나님과 대화하고 싶은 마음이 크게 위축되어 버리지만 우리는 의무감으로 다시 기도의 문을 열고자 애씁니다. 하지만 우리의 마음은 여전히 말씀에서 벗어나 떠돌고, 그래서 자신을 영적인 실패자라고 몰아세우게 됩니다.

> 여러분이 예수 그리스도의 주권과 하나님 말씀의 권위에 순종하며, 알고 있는 죄와 맞서 싸우려 애쓰면서도 기도를 지루해한다면, 그 문제의 원인은 여러분이 아니라 여러분의 기도 방법에 있는 것이 확실합니다.

진부하고 뻔한 일에 관해 기도하는 것은 정상이다

진부하고 뻔한 일에 관해 기도하는 것 자체가 문제는 아닙니다. 이 점을 분명하게 알아야 합니다. 이는 아주 중요한 사실입니다. 똑같은 사람과 일에 대해 반복적으로 기도하는 것은 극히 정상인 일입니다. 진부하고 뻔한 일에 관해 기도하는 것이 정상적인 까닭은 우리의 삶 역시 진부하고 뻔한 것들로 이루어지기 때문입니다.

예를 들어 생각해 봅시다. 만일 내가 여러분의 교회나 성경 공부 모임을 방문해서 여러분을 포함한 몇 사람을 임의로 선택해 5분에서 10분 동안 홀로 기도하는 시간을 갖도록 각 사람에게 요청한다면, 그들 대부분이 동일하게 다음과 같은 여섯 가지 주제에 관해 기도하리라고 자신 있게 단언할 수 있습니다.

한 사람도 빠짐없이 자신의 **가정**에 대해 이러저러한 문제로 기도할 것입니다. 기혼자는 남편이나 아내를 위해 기도하고, 미혼자는 결혼 문제로 기도하고, 부모들은 자녀들을 위해 기도할 것입니다. 그 외에도 여러 가지로 기도하겠지요.

또 누구나 **미래**를 위해서 기도할 텐데, 이를테면 직장을 옮기거나 다른 곳으로 이사하는 문제 등을 결정할 때 주님께서 인도하시기를 구할 것입니다. 아니면 희미하게 떠오르는 장래 일이나 삶의 변화를 두고 기도할 수도 있습니다.

당연한 일이지만 모든 사람이 **재정** 문제에 관해 기도할 것입니다. 자동차 할부나 채무, 학비 문제로 하나님의 도우심을 구하겠지요.

대부분의 사람이 **직업** 문제에 대해서도 기도할 텐데, 학생이라면 자신의 **학업**에 관해 기도할 것입니다. 한 주를 살아가면서 깨어 있는 시간 대부분을 할애하는 일에 대해 기도하는 것은 당연하겠지요.

또 그들이 모두 신자인 까닭에 **그리스도인의 관심사**에 대해서도 기도할 것입니다. 자기가 속한 교회의 일이라든가 다른 사람과 함께하는 개인적인 사역 같은 일들 말입니다. 어쩌면 그리스도 안에서 형제자매된 이들 가운데서 고난당하는 사람들이라든가, 아니면 그가 전도하기 위해 접촉하고 있는 사람들을 위해서도 기도할 것입니다.

끝으로, 그들은 현재 당면한 **삶의 위기**에 대해 분명 기도할 것입니다. 현대인은 평균 6개월에 한 번 정도로 상당히 중대한 위기를 겪는다는 글을 읽은 적이 있습니다. 그렇게 닥친 문제는 좋은 일이거나 나쁜 일일 수 있으며, 탄생이나 죽음일 수도 있고, 여러분이 원하거나 원치 않는 직업 변동일 수도 있지만, 꽤 심각한 일들인 까닭에 여러분이 기도할 때 가장 먼저 마음에 떠오르는 것들입니다. 그 문제들은 여러분의 마음을 완전히 사로잡아 버리기 때문에 기도 목록에 포함하지 않아도 저절로 기도하도록 끌어당기는 힘이 있습니다.

삶에 대해 기도한다고 할 때 바로 이 여섯 가지가 여러분의 삶이 아니고 무엇이겠습니까? 만일 그렇게 생각하지 않는다면 꼼꼼히 되짚어 보십시오. 여러분의 삶에서 가정, 미래, 재정, 직업이나 학업, 그리스도인의 관심사, 삶의 위기로 분류할 수 없는 일들이 과연 얼마나 될까요? 이들은 여러분이 대부분의 시간을 쏟아붓는 영역입니다. 여러분이 인생에서 아주 소중히 여기는 것들이요 또 여러분의 마음을 사로잡는 것들입니다.

다행스럽게도 이런 일들은 극적일 정도로 자주 변하지 않습니다. 예를 들어, 가정에서는 달마다 해마다 결혼이나 탄생, 죽음 같은 변화들이 꼬리를 물고 일어나지는 않습니다. 이런 일들과 관련해 자잘한 변화들이야 자주 일어나겠으나, 대체로 가정이나 직장에서의 엄청난 변화는 그리 자주 찾아오지 않습니다.

그래서 이 여섯 가지가 곧 여러분의 삶이며, 이들이 큰 변화를 겪는 일이 흔치 않다고 볼 때, 삶에 대해 기도하는 것은 대체로 진부하고 뻔한 일에 관해 기도한다는 뜻이 됩니다. 이게 정상적인 일입니다.

'진부하고 뻔한 일'을 말하는 것은 지루하다

그러므로 우리가 진부하고 뻔한 일에 관해 기도한다는 것 자체는 문제될 게 없습니다. 오히려 우리가 기도하는 말이 진부하고 뻔한 것이 문제가 됩니다. 거의 모든 사람이 정도의 차이는 있으나 이런 식으로 기도하면서 지루함을 느낍니다. 그리고 기도가 지루하니 기도하고 싶지가 않습니다. 기도하고 싶지 않으니, 적어도 진실하게 마음을 모아 기도하기가 어렵습니다.

바로 여기서 우리는 "내가 그렇지 뭐. 나는 수준 낮은 그리스도인이 분명해"라는 생각에 빠지기 쉽습니다.

이렇게 기가 꺾이고 나면 자연스레 다음과 같은 반응이 이어집니다. "그렇다면 그만둬. 기도하지 마. 왜 이러고 있는 거야? 기도가 그렇게 지루하고 실망스럽고 낙담되는 일이라면, 이제 기도하지 마."

진실한 그리스도인이라면 이런 내면의 소리에 화들짝 놀라 몸을 움츠릴 것입니다. 신자의 기도 생활이 아무리 지루하더라도, 기도 응답이 아무리 적더라도, 기도에 실패한 감정이 아무리 뼈저리더라도, 성령께서 거하시는 사람이라면 결코 기도를 완전히 포기할 수 없습니다. 이것이 바로 삼위일체의 세 번째 위격이신 분의 지속적인 사역 결과입니다. 이것을 가리켜 신학자들은 성령의 "보존하시는 사역"이라고 부릅니다. 하나님의 영은 사람들을 영적인 삶으로 인도하신 후에도 계속해서 그들이 그렇게 살도록 보존하시며, 그런 삶의 증거로서 기도를 굳게 붙잡게 하시는 은혜를 부어 주십니다. 달리 말해 어떤 사람에게 "아빠 아버지"라고 부를 수 있는 은혜를 주신 성령께서는 계속해서 그 사람 안에 하나님을 찾고 바라는 열망을 불러일으키십니다.

그러므로 성령의 지속적인 사역을 힘입어 우리는 기도를 믿으며 또 진심으로 기도를 원하게 됩니다. 그런데 우리가 기도하려고 하면 꼭 뭔가 잘못된 것이 아닌가 하는 느낌에 이르게 됩니다. 그래서 여러분은 기도에 관한 설교나 기도 응답에 대한 간증을 듣거나 기도에 관한 (본서와 같은) 책을 읽고는, 다시 마음을 다진 후 기도의 자리로 돌아갑니다. 하지만 그것도 잠시뿐, 근본적으로는 여전히 진부하고 뻔한 것에 대해 진부하고 뻔한 말을 되풀이하게 됩니다. 그나마 이번에는 조금은 더 뜨거운 영적 '활력'이 바탕에서 작동하긴 하겠지요. 하지만 얼마 지나지 않아 이 새로운 열의도 시들어 버리고, 여러분은 전과 마찬가지로 진부하고 뻔한 것에 대해 진부하고 뻔한 말을 하면서 지루하다고 느낍니다. 오히려 이번에는 전과는 사정이 다를 것이라고 굳게 결심했던 탓에 이전보다 더 큰 죄책감에 빠지기도 합니다.

다시 한 번 여러분은 원점으로 돌아가 어쩔 수 없는 결론에 이르게 됩니다. "내가 그렇지 뭐. 내게 잘못이 있는 거야. 기도처럼 중요한 일에 지루해하는 것을 보니, 나는 수준 낮은 그리스도인이 분명해."

> 신자의 기도 생활이 아무리 지루하더라도, 기도에 실패한 감정이 아무리 뼈저리더라도, 성령께서 거하시는 사람이라면 결코 기도를 완전히 포기할 수 없습니다.

2. 해결책

해결책이 있다면
그것은 아주 간단한 것이어야만 합니다.

이 한 가지 훈련만큼 내 기도에 큰 활력과 만족감과 일관성을 부어 준 것은 없다.—T. M. 무어 Moore

해결책이 있을까요? 만약 있다면 그것은 아주 간단한 것이어야만 합니다. 하나님께서는 당신의 모든 자녀들이 기도하기를 원하시며—하나님께서는 영으로 능히 그렇게 하실 수 있습니다—그렇기에 기도는 근본적으로 간단해야 합니다. 하나님께서 온 세상에서 부르신 당신의 자녀들은, 세상 사람들이 원래 그렇듯이 참으로 다양합니다. 아홉 살에서 아흔아홉 살까지 연령도 다양하며, 지능이 높은 사람이 있는가 하면 낮은 사람도 있고, 정규교육을 받지 못한 사람이 있는가 하면 최고 수준의 교육을 받은 사람도 있습니다. 그들은 대부분 평범한 사람들이며, 세상에서 문화적으로나 지적知的으로 엘리트로 인정받는 사람들이 아닙니다. "형제들아, 너희를 부르심을 보라. 육체를 따라 지혜로운 자가 많지 아니하며"라고 한 사도 바울의 말 그대로입니다 (고전 1:26).

누구나 만족스럽고 의미 있는 기도 생활을 할 수 있다

"육체를 따라 지혜로운 자"로서 하나님께 부름받은 사람이 많지 않기는 해도 어쨌든 하나님께서는 환경과 배경을 따지지 않고 모든 사람을 당신께로 부르십니다. 우리 아버지께서는 기독교의 자원을 많이 가진 사람이나 적게 가진 사람을 가리지 않고 당신께로 부르십니다. 성경 한 권조차 없는 사람과 많이 소유한 사람, 건전하고 좋은 교회를 만날 수 없는 사람과 주일마다 풍성한 교제와 건전한 성경 강해를 즐기는 사람, 읽지 못할 뿐만 아니라 신앙 서적 한 권조차 없는 사람과 많은 기독교 서적을 손쉽게 얻을 수 있는 사람, 다양한 매체를 통해 기독교 강좌를 접할 수 있는 사람과 그렇지 못한 사람을 똑같이 부르십니다. 그런데 하나님께서 당신의 자녀들을—나이나 지능지수, 교육, 자원이라는 조건에 상관없이—똑같이 기도하라고 부르셨다면, 당연히 기도는 간단해야 마땅합니다.

그러므로 지금 이 책을 들고 있는 여러분까지 포함해 그리스도인이라면 누구나 만족스럽고 의미 있는 기도 생활을 누릴 수 있어야 합니다. 기독교의 자원들—성경과 교회 조직, 기독교 서적, 라디오와 인터넷을 통한 신앙 강좌 등—을 모두 소유한 여러분이 그처럼 풍성한 혜택을 누리면서도 온전한 기도 생활을 할 수 없다면, 고립된 땅이나 타종교가 지배하는 나라, 박해가 있는 지역에 살기 때문에 이런 기독교 자원을 거의 누릴 수 없는 형제자매들에게는 과연 무슨 희망이 있을까요?

혹시 이렇게 말할 사람이 있을까요? "그래요, 그것 참 빈틈없는 논리군요. 나처럼 교육받고 경험 있고 기독교 자원을 많이 지닌 사람이 의미 있고 만족스러운 기도 생활을 하지 못한다면 당연히 이 세상 어떤 그리스도인도 그런 기도 생활을 누릴 수 없다는 결론이 나오겠지요. 세상 어떤 신자들도 나만큼 이런 도움을 많이 누리고 있지 못하니까요."

아니, 그렇지 않습니다. 여러분은 결코 그렇게 말하고 싶지 않을 것입니다. 오히려 이렇게 생각하지 않을까요? "보십시오. 나는 다른 사람들에 관해서는 모릅니다. 내가 아는 것은 내가 기도할 때 지루하다는 것뿐입니다. 그게 바로 내 모습입니다. 내게 뭔가 잘못이 있는 겁니다. 그런데 당신이 나서서, 세상의 많은 그리스도인들과 비교해 내가 소유한 모든 이점들을 보여주었기 때문에 이전보다 더 큰 죄책감을 느낍니다. 지금까지 나는 기도의 실패자라고 생각해 왔는데 내가 생각한 것보다 훨씬 더 문제가 심각한 게 확실하군요. 고맙습니다. 이 책을 선택하기 참 잘했군요."

이렇게 해서 우리는 이 책에서 가장 도전적인 부분에 도달했습니다. 여러분은 참으로 오랫동안 진부하고 뻔한 것에 관해 진부하고 뻔한 말로 기도해 왔기 때문에, 다른 방식으로 기도하는 법을 쉽게 배울 수 있다는 사실이 믿기 어려울 수도 있습니다. 마치 여러분이 숨 쉬는 방법을 쉽게 바꿀 수 있다고 말하는 폐 전문의를 믿기 힘든 것처럼 말이지요. 이 책을 읽는 많은 분들이, 수십 년 동안 기도해 오면서도 지루해하고 마음이 헛도는 일을 극복하지 못한 일로 죄책감을 느낄 것입니다. 그런데 어떤 저자가 불쑥 나타나더니 여러분에게 삶의 대부분을 괴롭혀 온 문제를 풀 수 있는 간단하고 영구한 성경적 해결책이 있으니 믿으라고 말하는 것입니다. 내가 말하는 것을 여러분이 믿을 수 있었으면 좋겠습니다.

그렇습니다. 여기에 내가 말하려는 핵심이 있습니다. 오랫동안 끌어온 만족스럽지 못한 기도 생활을 끝내고, 이제 문제는 여러분이 아니라 여러분의 방법에 있다는 사실을 아는 것이 중요하다고 분명히 말씀드립니다. 그러면 다시 한 번 실상을 살펴봅시다. 주님께서는 온 세상에서 사람들을 당신의 백성으로 부르셨으며, 그들은 인구통계학적인 면에서 온갖 유형의 신자들로 이루어집니다. 하지만 주님께서는 당신의 영을 통해 그들 모두에게 기도하고자 하는 열망을 부어 주십니다. 만일 의미 있는 기도가 몇몇 능력 있는 사람들만 할 수 있는 일이라면 과연 하나님께서 모든 사람에게 이렇게 하실까요? 하늘에 계신 아버지께서 여러분이 기도를 즐기는 것, 좀 더 자세히 말해 기도를 통해 그분을 즐거워하는 것이 불가능할 정도로 기도를 어렵거나 혼란스러운 것으로 만드셨을까요? 하나님께서는 자기 백성을 크게 사랑하셔서 당신 아들의 성육신과 십자가 죽음을 통해 그 사랑을 나타내셨으며 또 성령과 성경과 교회를 주셔서 그 사랑을 확증하셨는데, 다음으로 당신과 자녀들 사이에 교통하는 다리를 놓으면서 그것을 대부분의 자녀들이 지루하고 난감한 것으로 경험하게 만드셨을까요?

상식에 맞지 않습니다. 아버지께서 당신의 모든 자녀와 교제하시길 원하시고 모든 자녀가 자기와 즐거이 대화하기를 원하신다면, 그 일을 누구라도 할 수 있도록 간단하게 만드시리라는 것이 상식에 맞습니다.

여러분은 오랫동안 진부하고 뻔한 말로 기도해 왔기 때문에, 다른 방식으로 기도하는 법을 쉽게 배울 수 있다는 사실이 믿기 어려울 수도 있습니다. 그럼에도 문제를 풀 수 있는 간단하고 영구한 성경적 해결책이 있다는 사실을 여러분이 믿을 수 있으면 좋겠습니다.

간단하고 영구한 성경적 해결책

그렇다면 진부하고 뻔한 일들에 관해 진부하고 뻔한 말을 반복하는 판에 박힌 기도를 바꾸는 간단한 해결책은 무엇일까요? 이렇게 말할 수 있습니다. **기도할 때 성경 구절로, 그중에서도 특히 시편으로 기도하십시오.**

이 방법이 어쩌면 여러분이 기대한 만큼 멋져 보이지 않을 수도 있습니다. 사실 여러분도 전에 이와 비슷한 말을 들어 보았을지 모릅니다. 아마도 누군가 사도 바울의 기도(예를 들어, 엡 1:15-23; 3:14-21, 빌 1:9-11)에 대해 가르치면서 "오늘 우리는 이 기도문들로 기도해야 합니다"라고 말했을 때 그러지 않았을까 싶습니다. 나도 거기에 공감합니다. 당연히 그래야 합니다. 그런데 나는 한 걸음 더 나아가 바울의 기도뿐만 아니라 그의 서신들의 모든 내용으로도 기도해야 한다고 믿습니다. 하지만 성경 구절로 기도하는 법을 배우기에 가장 좋은 부분은 시편입니다.

3. 방법

말씀으로 기도하는 방법을 살펴보겠습니다.

시편, 기도에 사용할 용도로 지어진 책이다. — 고든 웬함 Gordon Wenham

이제 말씀으로 기도하는 일이 어떻게 이루어지는지 살펴보려고 합니다. 시편 23편을 예로 사용하겠습니다. 실생활에서 그렇듯이 여러분이 먼저 성경을 읽는다고 가정하고 말합니다. 여러분은 어쩌면 마태복음이나 히브리서를 읽은 후에 기도로 넘어갈 것입니다. 시편으로 기도하기로 정하고 시편 23편을 택합니다. 1절인 "여호와는 나의 목자시니"를 읽고는 다음과 같은 식으로 기도합니다.

> 주님, 주께서 나의 목자가 되심을 감사드립니다. 주님은 선한 목자이십니다. 내 평생의 삶을 주님께서 목자가 되어 인도하셨습니다. 큰 목자이신 주님께서 이제 우리 가족도 인도하소서. 그들

을 세상길에서 보호하시고, 하나님의 길로 이끄소서. 그들을 유혹에서 건져 내시고, 악에서 지켜 주소서. 오 크신 목자님, 내 아이들을 위해 기도합니다. 그 아이들도 주님의 어린양으로 받아 주소서. 그들도 나처럼 주님을 목자로 모셔 사랑하게 하소서. 또 주님, 내가 앞두고 있는 장래의 일을 올바로 결정하도록 나를 인도하소서. 그렇게 결정하고 바꾸는 것이 과연 옳은 선택인지요? 또 우리 교회에서 봉사하는 작은 목자들을 위해서도 기도합니다. 주님께서 그들을 지도하셔서 그들도 주님을 본받아 우리를 목양하게 하소서.

계속해서 여러분은 "여호와는 나의 목자시니"라는 구절을 묵상하는 가운데 마음에 떠오르는 여러 가지 일들에 대해 기도합니다. 더 이상 아무것도 떠오르지 않을 때 다음 구절인 "내게 부족함이 없으리로다"로 넘어갑니다. 그리고 이런 방식으로 기도합니다.

주님, 이제까지 내게 부족한 것이 전혀 없었음에 감사드립니다. 늘 풍족한 양식을 내게 베푸셨습니다. 나의 나 된 모든 것과 내가 소유한 모든 것이 주님께로부터 왔습니다. 그러나 내가 구하는 것을 주님께 아뢰는 것이 주님 기뻐하시는 일임을 알기에, 이제 구하오니 대출금과 학비와 자동차 할부금 등 우리 가정에 필요한 모든 재정을 주님께서 공급하소서.

혹 어려움을 겪고 있는 어떤 사람이 생각날 수도 있습니다. 그러면 그에게도 하나님께서 필요한 것을 공급해 주시기를 기도합니다. 아니면 세계 도처에서 박해당하는 믿음의 형제자매들을 기억하고 그들의 문제를 위해 기도합니다.

기도를 끝낸 후 다음 구절로 넘어가 "그가 나를 푸른 풀밭에 누이시며"(2절)라는 구절을 살펴봅니다. 그런데 "누이시며"라는 구절을 읽다가 생뚱맞게 "주님, 지금 이대로 발을 뻗고 한잠 푹 잘 수 있다면 얼마나 감사할까요"라는 생각이 불쑥 마음에 떠오를 수도 있습니다.[2]

"푸른 풀밭"이라는 말에서 여러분은 말씀의 푸른 풀밭에서 하나님의 양 떼를 먹이는 일을 떠올리고는, 여러분이 인도하는 성경 공부 사역을 위해서나 여러분에게 하나님의 말씀을 먹이는 교사나 목회자를 위해 기도하고 싶은 마음이 생길지도 모르겠습니다. 여러분이 마지막으로 그 사역을 감당했던 때가 언제인가요? 아마 그런 일에 봉사한 적이 없을지도 모릅니다. 그러나

이 시편 구절로 기도하면서 여러분도 그렇게 하고픈 도전을 받게 됩니다.

다음으로 "쉴 만한 물가로 인도하시는도다"(2절)라는 구절을 읽습니다. 그리고 다음과 같은 식으로 기도합니다.

그렇습니다, 주님. 미래의 일에 대한 결정을 앞두고 있는 나를 인도하소서. 주님께서 원하시는 일을 하고 싶습니다. 그러나 주님, 그게 무엇인지 알지 못합니다. 주님의 뜻대로 이 문제를 보게 하소서. 이 일에서 **쉴 만한** 물가로 나를 인도하소서. 이 문제 때문에 요동치는 물과 같은 내 영혼을 평온하게 하소서. 나로 주님의 평화를 누리게 하소서. 주님을 신뢰하고 온 백성과 만물 위에 높으신 주님의 권능을 의지함으로 내 마음속 혼란을 다스리게 하소서.

이어서 3절인 "내 영혼을 소생시키시고"를 읽습니다. 이 구절에 마음이 움직여 다음과 같은 식으로 기도합니다.

나의 목자 되시는 주님, 이 시간 영적으로 심히 목말라 주님 앞에 나왔습니다. 내 영혼을 소생시키시고 주님의 구원에 대한 기뜸을 내게 회복시켜 주소서. 내가 직장, 학교, 거리에서 복음을 전하려고 하는 사람들의 영혼을 주님께서 회복시켜 주시기를 기도합니다. 그들의 영혼을 어둠에서 빛으로, 사망에서 생명으로 돌이켜 주소서.

여러분은 이런 방식으로 계속해서 ①시간이 다 될 때까지, 아니면 ②시편을 다 끝낼 때까지 기도할 수 있습니다. 시간이 다 되기 전에 선택한 시편을 끝냈다면 다음 시편으로 넘어갑니다. 그렇게 하면 여러분에게 기도할 내용이 소진되는 일이 없게 됩니다. 무엇보다도 **다시는 진부하고 뻔한 것에 관해 진부하고 뻔한 말을 되풀이하는 일이 없게 됩니다.**

여기서 여러분이 하는 일은 기본적으로 하나님의 마음과 영에서 샘솟는 말씀들을 받아서 그것들이 여러분의 마음과 정신을 휘젓게 한 후에 하나님께로 되돌려 드리는 것입니다. 이렇게 할 때 하나님의 말씀은 여러분이 드리는 기도의 날개가 됩니다.

> 성경 구절을 묵상하는 가운데 마음에 떠오르는 여러 가지 일들에 대해 그 말씀으로 기도합니다. 여러분이 하는 일은 하나님의 마음과 영에서 샘솟는 말씀이 여러분의 마음과 정신을 휘젓게 한 후에 그것을 하나님께로 되돌려 드리는 것입니다.

4. 방법에 덧붙여

성경 본문을 읽을 때
마음에 떠오르는 것은
무엇이든 하나님께 아뢰면 됩니다.

성경을 펼쳐서 읽기 시작하라. 만나는 구절마다 멈춰 서서 그 구절을 기도로 바꿔라. ─ 존 파이퍼

말씀으로 기도할 때 여러분은 성경 구절을 순차적으로 읽어 가면서 본문을 읽을 때 마음에 떠오르는 것은 무엇이든 그에 관해 하나님께 아뢰면 됩니다. 얼마나 쉬운지 이해가 되시지요? 누구라도 쉽게 할 수 있습니다.

만일 어떤 절의 의미가 이해되지 않는다면 그냥 다음 절로 건너뛰십시오. 또 그 구절의 의미가 아주 명료하기는 하나 마음속에 기도할 내용이 전혀 떠오르지 않는다면 다음 절로 넘어가십시오. 하나님의 말씀을 천천히 읽어 가면서 여러분에게 떠오르는 것이 무엇이든 그에 관해 주님께 말씀드리면 됩니다. 여러분이 생각해 낸 것이 그 본문과 전혀 상관없는 것이라 해도 그렇게 기도합니다─이것이 이 책에서 가장 오해하기 쉬운 부분입니다.

그래서 이 점을 성경을 근거로 옹호하고자 합니다. 성경 말씀은 우리에게 무엇에 관해 기도하라고 말합니까? 모든 것에 대해서입니다. 맞지요? 빌립보서 4:6에서 볼 수 있습니다. "아무것도 염려하지 말고 다만 모든 일에 기도와 간구로, 너희 구할 것을 감사함으로 하나님께 아뢰라." 우리는 "기도로 모든 일"을 하나님께 가져갈 수 있습니다. 모든 일이 우리가 기도하는 내용이 될 수 있습니다. 사람이나 물건, 쟁점, 환경, 두려움, 상황을 가리지 않고 우주 안에 있는 모든 것이 우리가 하나님께 아뢸 수 있는 일이 됩니다. 그러므로 여러분이 성경 구절을 읽을 때 마음속에 떠오르는 모든 생각은—그때 여러분 앞에 놓인 본문과 전혀 상관없는 생각일지라도—하나님께 가져갈 수 있는 일이 됩니다.

성경 해석하기와 말씀으로 기도하기

앞 단락에서 내가 말한 것과 성경을 엄밀하게 해석하는 일, 곧 공식적으로 '해석학'이라고 알려진 과정은 분명하게 구분해 볼 필요가 있습니다. 하나님의 말씀을 바르게 다루는 일에서는 본문으로 하여금 우리가 원하는 것을 말하게 만드는 일을 결코 용납하지 않습니다. 바른 믿음과 삶, 다른 사람과 나누는 진실한 교제, 권위 있는 설교와 가르침을 위해 기본이 되는 것은 하나님의 말씀을 정확하게 이해하는 일입니다. 그리고 하나님의 말씀을 정확하게 이해하기 위해서는 우리가 읽는 모든 본문으로부터 하나님께서 영감을 불어넣으신 단일한 의미를 캐내기 위해 (곧 '주석하기 위해') 최선을 다해야 합니다. 말씀 본문이 말하는 것은 "그 본문이 내게 의미하는 것이 무엇이냐"가 아니라 "하나님께서 그 본문에 영감을 불어넣어서 말씀하시고자 하는 것이 무엇이냐"입니다.

우리가 여러 가지 이유로 성경을 손에 들 때, 추구할 일차적인 목적은 성경을 이해하고 적용하는 것입니다. 여기서 우리가 성경 공부를 한다고 가정해 봅시다. 먼저 우리는 우리 앞에 놓인 본문이 말하고 의도하는 것을 파악하기 위해 정신적 노력(여러 가지 참고 자료들을 이용한다면 육체적인 노력도)을 쏟아붓습니다. 둘째, 기도합니다. 우리는 흔히 "주님, 이 본문이 뜻하는 것이 무엇입니까?"라고 묻거나 때로는 "이 본문을 어떻게 적용해야 하나요?"라고 기도합니다.

앞서 말했듯이, 이것은 수준 높은 성경 공부이든 그저 일상적으로 말씀 한두 장을 읽을 때든 우리가 성경을 펼칠 때마다 하게 되는 우리의 사고 활동입니다.

하지만 지금 우리가 하려는 일은 이것이 아닙니다. 현재의

논의에서 볼 때, 우리의 **주된** 활동은 성경을 연구하는 것이 아니라 기도하는 것입니다. 이 과정에서는 성경 읽기가 부차적인 역할을 합니다. 우리는 하나님께 초점을 맞추고 기도하면서 성경은 곁가지로 살펴봅니다. 그래서 하나님을 향해 방향을 정해 놓고 말씀을 읽어 가면서 마음에 떠오르는 모든 문제에 관해 기도합니다. 이 구분을 이해하셨습니까?

요점을 명확하게 하기 위해 좀 우스운 예를 살펴보겠습니다. 여러분이 시편 130편으로 기도할 때 3절에 이르면 "여호와여, 주께서 죄악을 지켜보실진대 주여, 누가 서리이까"라는 말씀을 만나게 됩니다. 그런데 "서리이까"라는 말을 묵상하다가, 뜬금없이 이른 서리 때문에 큰 피해를 당한 농민들을 떠올릴 수가 있습니다. 그럴 때 어떻게 하면 좋을까요? 그냥 그 농민들을 위해서 기도하십시오! 여러분도 그 구절이 서리 피해와는 전혀 상관없다는 것을 잘 알지만, 농민들을 위해서 기도하는 것이 꼭 잘못만은 아닐 뿐더러 여러분이 시편 130:3을 읽는 중에 그 문제가 여러분의 머릿속에서 툭 튀어나왔기 때문입니다.

좀 더 실제적인 예를 하나 더 살펴보겠습니다. 조금 전에 기도 본문으로 삼았던 시편 23:3의 "내 영혼을 소생시키시고"라는 구절로 돌아갑시다. 앞서 말하기를, 이 구절에서 기도의 주제로 삼을 만한 것이 여러분이 복음을 전하려는 사람에 대한 구원이요 또 하나님께서 그들의 영혼을 어둠에서 빛으로, 죽음에서 생명으로 회복시키시는 것이라고 했습니다. 그런데 내가 시편 23편을 본문으로 삼아 설교를 하면서 "이 구절은 복음 전도에 관한 것이요 하나님께서 영적 어둠에 있는 영혼들을 구원하시는 일에 관한 것입니다"라고 말한다면 나는 큰 잘못을 저지르는 것입니다. 사실 이 구절은 복음 전도에 관한 것이 아니며 나도 그 점을 잘 압니다. 이 구절은 신자의 영혼이 하나님께서 베푸신 구원의 기쁨으로 회복되는 일을 다룹니다. 만약 내가 여기서 하나님의 말씀이 뜻하는 것이 내가 아는 그 하나뿐이라고 단정 지어 말한다면, 다른 사람들은 기껏해야 그 본문을 오용하는 것으로 만들어 버리게 됩니다. 우리에게는 본래 말씀이 담고 있지도 않은 의미를 성경이 가르치는 것이라고 주장할 권리가 결코 없습니다.

그러나 여러분이 시편 23:3으로 기도하는 동안 믿지 않는 친구가 생각나서 이 구절에 나오는 말을 사용해 "주님, 내 친구의 영혼을 구하소서. 그를 어둠에서 빛으로, 죽음에서 생명으로 옮겨 주소서"라고 기도하려 한다면 얼마든지 그래도 됩니다. 이런 식으로 기도하는 것이 본문 속에 다른 것을 끼워 넣어 읽어 내는 것은 아닙니다. 그것은 단지 여러분의 마음에 떠오른 것을 하나님께 아뢰기 위해 **본문의 언어를 사용**하는 것일 뿐입니다.

다시 말씀드리는데, 성경을 읽으면서 떠오른 모든 생각을 하나님께로 가져가기 바랍니다. 어떤 때는 정확하게 본문이 뜻하는 것으로 기도하게 될 수도 있습니다. "주님, 내 영혼을 회복시켜 주님 주신 구원을 기뻐하게 하소서"라고 기도할 때처럼 말입니다. 또 다른 때에는 여러분이 본문을 읽다가 떠오른, 본문과 상관이 없는 생각들을 놓고 기도하기 위해 말씀의 언어를 사용할 수도 있습니다. "주님, 믿지 않는 내 친구의 영혼을 죽음에서 생명으로 회복하소서"라고 기도하는 경우가 그렇지요.

말씀과 성령을 신뢰하라

나는 하나님의 말씀과 영을 굳게 신뢰하기 때문에 사람들이 이 방법대로 기도하기만 하면 자기 힘으로 기도할 때보다 훨씬 더 성경적으로 기도할 수 있을 것이라고 믿습니다. 사람들이 흔히 따르는 방식은 바로 자기 힘으로 기도하는 것입니다. 그래서 결과가 어떻게 됩니까? 진부하고 뻔한 일에 관해 진부하고 뻔한 말로 기도하게 됩니다. 그리고 기도의 뼈대를 잡아 주는 성경이 없다면 우리는 말씀을 읽어 가며 떠오르는 생각들로 기도할 때보다 훨씬 더 비성경적인 방식으로 기도하게 될 가능성이 커집니다. 그래서 내가 주장하는 이 방법을 이용하면, 본래 본문이 뜻하지 않은 일에 대해 기도하게 되는 것도 사실이긴 하지만, 어쨌든 본문을 읽어 가며 기도하기에 그런 일이 훨씬 줄어들게 되리라는 것이 내 확신입니다. 이렇게 하나님의 영은 하나님의 말씀을 사용하셔서 하나님의 사람들이 점차 하나님의 뜻에 맞춰 기도하도록 도우십니다.

내가 보기에 이것은 매우 중요하기에 다시 한 번 말씀드립니다. 사람들의 생각이 본문의 참된 의미에서 어긋나 있고 그 결과 기도가 공허하게 헛도는 일이 있다고 해도, 나는 하나님의 말씀과 영을 깊이 신뢰합니다. 그렇기 때문에 사람들이 이 방법대로 기도하기만 한다면, 결국 그들이 자기 힘으로 기도할 때보다 훨씬 더 성경적인 모습으로 변화될 것이라고 믿습니다. 게다가 사람들이—그들에게 있는 것이 성경과 성령이 전부일 경우—본문의 참된 의미를 배울 수 있는 방법으로서 본문을 붙잡고 기도하는 것보다 더 좋은 것이 있을까요? 19세기 스코틀랜드의 성결한 목회자인 로버트 머리 맥체인Robert Murray M'Cheyne은 이 점을 강조하여 **"말씀이 기도가 되게 하라**……이것이 말씀의 의미를 이해하고 기도를 배울 수 있는 가장 좋은 방법이다"라고 말했습니다.[3]

사실 나는 사람들이 기도할 때 대체로 말씀 본문의 참된 의미에서 크게 벗어나지 않는다고 생각합니다. 사람들은 말씀 본문을 따라 기도하다가 이해하지 못하는 구절을 만나면 보통 자기가 이해할 수 있는 다음 구절로 건너뛰기 때문입니다. 나는 이런 여러 사례를 제시해 왔는데, 어떤 사람이 본문을 연구하는 데 게으른 것을 변명하기 위해서가 아니라 그가 어떤 문제에 관하여 본문의 적절한 해석과 완전히 동떨어져서 기도하는 경우조차도 그런 문제들에 관해 하나님께 아뢰는 것을 용납할 수 있다는 점을 보이기 위해서입니다. 사람들은 성경 구절을 읽으면서 마음에 떠오르는 것은 무엇이든 그에 관해 자유롭게 기도할 수 있어야 합니다.

> 성경을 읽으면서 떠오른 모든 생각을 하나님께로 가져가기 바랍니다. 나는 하나님의 말씀과 영을 굳게 신뢰하기 때문에 사람들이 이 방법대로 기도하기만 하면 자기 힘으로 기도할 때보다 훨씬 더 성경적으로 기도할 수 있다고 믿습니다.

간단한 방법

그렇습니다. 여러분이 어떤 시편으로 기도한다면 그저 시편을 한 줄씩 읽어 가면서 영감된 그 본문에 의해 떠오르는 생각은 무엇이든지 하나님께 아뢰면 됩니다. 만일 여러분의 마음이 본문의 주제에서 벗어나 떠돈다면, 그렇게 헛도는 생각들을 하나님을 향해 그러모으고 다시 본문으로 돌아오십시오. 만일 여러분이 읽은 구절을 이해할 수 없다면 그냥 건너뛰어 다음 구절로 나가십시오. 그 구절도 이해할 수 없다면 다시 건너뛰십시오. 본문을 이해할 수는 있으나 기도할 것이 아무것도 생각나지 않는다면 다음 구절로 넘어가십시오. 만일 죄스러운 생각이 끼어든다면 그것에 관해 기도한 후 다음으로 넘어가십시오. 여러분은 그 시편에서 스무 절이나 서른 절을 읽더라도 그날에는 겨우 다섯이나 여섯 가지의 생각만 떠오를 수도 있습니다. 그래도 상관없습니다. 여러분에게 모든 구절에 대해 빠짐없이 기도해야 한다고 말할 사람은 아무도 없습니다. 그 시편을 완전히 끝내야 한다고 말할 사람도 없습니다.

전에 캘리포니아 산타로사에 있는 한 교회에서 이 기도 방법을 가르쳤을 때 사람들에게 말씀 본문을 따라 기도하도록 기회를 주었습니다. 어떤 여성은 25분 동안 기도하면서도 "여호와는 나의 목자시니"라는 본문을 넘어가지 못했습니다. 그 여성은 거의 30분 동안이나 그 세 단어를 붙잡고 주님께 아뢰었습니다. 여러분이 보시기에, 주님께서 하늘에서 발끈하셔서 "그 시편을 끝마치지 못했느냐?"라고 말씀하셨을 것 같나요? 아닙니다. 내가 보기에 주님께서는 그 여자가 자기 목자이신 주님에게서 그렇게나 많은 기쁨을 찾아내서 그에 관하여 25분이나 주님께 아뢸 수 있었다는 것을 기뻐하셨을 것이고, 그 시편의 나머지 부분으로 기도하는 일에는 신경 쓰지 않으셨을 것이라고 생각합니다. 어떤 경우에는, 흔히 우리가 그렇듯이 여러분도 많은 구절들을 그냥 지나쳐 버리고 겨우 몇 가지 문제만 머릿속에 떠오를 수도 있습니다. 그래도 괜찮습니다. 계속해서 본문을 따라가면 됩니다.

저주 시편

여러분은 "저주 시편"이라고 불리는 시편들을 만나게 될 것입니다. 시편 저자가 자기 원수들과 하나님의 원수로 여겨지는 사람들에게 하나님께서 심판을 내리시길 구하는 시편들을 말합니다. 여러분은 아래와 같은 시편 구절들로 어떻게 기도하시겠습니까?

> 네 어린것들을 바위에 메어치는 자는 복이 있으리로다(시 137:9).

> 하나님이여, 그들의 입에서 이를 꺾으소서(시 58:6).

[그들이] 소멸하여 가는 달팽이 같게 하시며(시 58:8).

불쑥 그런 저주를 퍼붓고 싶은 직장 동료가 떠오를지도 모르겠습니다만, 사실 순수한 동기로는 그렇게 하기 어려울 것입니다. 그렇지요? 나는 이 저주 시편들이 요한복음 3:16이나 기타 여러 본문들과 마찬가지로 완전하게 영감되었다는 사실을 믿지만 우리가 마음에 담아 둔 특정한 사람들에 대해 이러한 구절들로 기도해야 한다고는 생각하지 않습니다. 그렇게 하는 것은 마태복음 5:44-45에서 예수님께서 하신 말씀, 곧 "너희 원수를 사랑하며 너희를 박해하는 자를 위하여 기도하라. 이같이 한즉 하늘에 계신 너희 아버지의 아들이 되리니"라는 가르침과 결코 조화할 수 없습니다.

내 생각에 우리는 그런 구절들 속에다 특별한 죄들을 포함할 수 있으며, 그러한 죄들이 우리 영혼을 삼키려고 할 때면 하나님께서 그것들의 이를 깨뜨려 주시기를 기도할 수 있습니다. 나도 종종 분노하며, 내 악한 마음속에 솟구치는 하나님의 모든 원수들이 이 저주 시편에서 묘사하는 것처럼 철저하게 파괴되기를 기도할 때가 있습니다. 또 나는 국가적인 죄악, 예를 들어 낙태와 인종차별과 같은 문제에 대해 이런 저주 문구들을 사용해 기도할 수 있다고 믿으며 실제로 그렇게 기도하기도 합니다. 궁극적으로 우리는 그리스도 중심으로 성경을 이해하듯이 그런 시편들도 예수님의 말씀에 비추어서 이해할 수 있습니다. 언젠가는 예수님께서 완악하고 악독한 원수들에게 그들의 이를 깨뜨리는 것보다 훨씬 혹독한 일을 행하실 것입니다. 기본적으로 우리는 이 저주 시편들로도 기도할 수 있으며, 그렇게 기도할 때 다음과 같은 자세를 잊지 말아야 합니다. "주님, 저는 주님 편에서 주님의 모든 원수들과 싸웁니다. 주님께 대적하는 죄와 반역을 주님의 공의와 의로움으로 물리치시고 최후 승리를 거두시길 원합니다."

그런데 다음 주 어느 날엔가 여러분이 시편으로 기도하다가 이런 저주 시편을 만났다고 생각해 봅시다. 여러분은 "휘트니라는 사람이 『오늘부터, 다시, 기도』라는 책에서 말하길 이런 종류의 시편으로도 기도할 수 있다고 했는데 구체적으로 뭘 말했는지 기억나질 않네"라고 생각할 수도 있습니다. 그래도 괜찮습니다. 어쩌면 여러분은 "주님, 이 구절이 뜻하는 게 무엇인가요?"라거나 "이 구절로 어떻게 기도할 수 있는지 알려 주세요"라고 기도할지 모릅니다. 아니면 그 부분 전체를 건너뛰고는 명확하게 기도 방향을 제시하는 다음 구절로 넘어갈지도 모릅니다. 어떤 식으로 해도 다 좋습니다. 바로 이런 이유 때문에 이 방법이 간단한 것이요 또 누구라도 할 수 있는 것입니다.

몇 가지 유익

이 기도 방법을 사용하면 기도를 **시작**하기가 쉬울 뿐만 아니라 **계속해서** 기도하기도 쉽습니다. 내가 신학교에서 가르치는 기초 영성 과목의 이름이 '개인 영성 훈련'입니다. 수업 첫 시간에 나는 학기 중 언젠가는 모든 학생이 네 시간 동안 계속해서 오직 하나님과 함께하는 시간을 가져야 한다고 공표합니다. 이 말을 하고 나면 많은 학생들의 얼굴에 근심이 떠오른 것을 보게 되는데, 그 표정에서 '네 시간 동안 도대체 뭘 해야 하지?'라는 생각을 읽을 수 있습니다. 하지만 학생들에게 성경을 묵상하는 법과 성경 구절로 기도하는 법을 가르치고 나면, 학생들 대부분이 이 두 가지 활동을 번갈아 하며 일기에다 자신의 묵상과 기도를 기록하기도 하면서 네 시간 전체를 거뜬히 보냅니다. 참으로 고무적인 일은 거의 모든 학생이 정해 준 네 시간을 넘어서까지 기도하는데 그 이유가 의무감 때문이 아니라, 그 일을 매우 즐기면서 멈추고 싶지가 않기 때문이라는 사실입니다. 많은 학생들이 걸으면서 시편으로 기도하는데, 그 시편을 끝내고도 여전히 걸으며 기도하길 원하여 다음 장으로 넘어가 계속 기도합니다.

또 이 방법대로 성경으로 기도하는 것은 매우 실제적인데, 여러분이 기도하는 데 낼 수 있는 시간에 맞춰서 길게 하거나 짧게 할 수 있기 때문입니다. 여러분이 그 학생들처럼 네 시간 동안 여유가 있어도 이 방법이 효과를 볼 수 있고, 겨우 4분밖에 시간이 없어도 효과를 볼 수 있습니다. 만일 여러분에게 시간이 4분밖에 없다면 본문을 깊이 파고들고 싶지 않겠지만 그래도 성경으로 기도할 수 있습니다. 반대로 여러분에게 네 시간 동안 여유가 있다면 계속해서 장을 넘겨 다음으로 넘어가면 됩니다. 여러분이 성경으로 기도한다면 아무리 오래 기도한다고 해도 기도할 내용이 고갈되지 않습니다.

더 좋은 일은 여러분이 말씀 본문으로 기도할 때 공허하고 중언부언하는 말로 기도하지 않게 된다는 점입니다. 여러분이 성경에서 읽은 말씀들에 관해 하나님께 아뢰십시오. 그러면 다시는 진부하고 뻔한 것에 관해 진부하고 뻔한 말로 기도하지 않게 됩니다. 이것만으로도 여러분이 이 책을 읽는 데 투자한 시간에 충분한 보상이 된다고 생각하지 않으십니까?

하지만 이보다 훨씬 더 좋은 유익이 있습니다. 성경으로 기도할 때 여러분이 사용하는 말들은 이제까지 기도에서는 사용하지 않았던 새롭고 신선한 구절 정도로 끝나는 게 아니라 그 자체에 능력을 부어 주는 힘을 지니고 있습니다. 하나님의 말씀으로 기도한다는 것은 여러분의 기도에 **영감된** 말씀을 담아 기도한다는 것을 뜻합니다. 조니 에릭슨 타다^{Joni Eareckson Tada}는 이렇게 설명합니다.

> 나는 하나님의 말씀으로 내 기도를 풍요롭게 하는 법을……배웠다. 바로 하나님의 언어로 그분께 아뢰는 방법이다—그분의 말투로 말하고 그분의 용어를 따르며 그분의 어법을 받아들이는 것이다.……이것은 단순히 거룩한 용어들을 사용하는 정도의 문제가 아니다. 능력의 문제이다. 우리가 하나님의 말씀을 우리의 기도 속에 끌어들일 때 하나님의 능력을 우리의 기도 속에 받아들이는 것이다. 히브리서 4:12은 "하나님의 말씀은 살아 있고 활력이 있어 좌우에 날선 어떤 검보다도 예리하여"라고 선언한다. 하나님의 말씀은 살아 있으며, 우리의 기도에 생명과 활기를 불어넣어 준다. 또 하나님의 말씀은 활력이 있어서 우리의 기도에 힘과 능력을 부어 준다.[4]

여러분이 기도에 사용하는 성경 말씀에는 초자연적인 특성이 있습니다. 예수께서는 "내가 너희에게 이른 말은 영이요 생명이라"고 말씀하셨습니다(요 6:63). 여러분은 말씀으로 기도할 때 그저 평범한 말로 기도하는 것이 아니라 영과 생명의 말씀으로 기도합니다.

> 말씀 본문으로 기도할 때 좋은 일은 더 이상 공허하고 중언부언하는 말로 기도하지 않게 된다는 점입니다. 말씀으로 기도하는 방법을 사용하면 기도를 시작하기가 쉬울 뿐만 아니라 계속해서 기도하기도 쉽습니다.

5. 시편으로 기도하기

하나님께서는
찬양을 올리게 할 목적으로
시편에 영감을 불어넣으셨습니다.

하나님을 향해 시편으로 기도함으로써 우리는 아버지와 아들과 성령의 뜻에 맞춰 기도하기를 배운다. — 벤 패터슨 Ben Patterson

성경 전체를 놓고 볼 때 말씀으로 기도하기에 가장 좋은 본문은 시편입니다. 이렇게 말하는 것은 하나님께서 시편에 영감을 부으면서 심어 놓으신 본래의 목적이 그렇기 때문입니다. 히브리어로 '찬양의 책'을 뜻하는 「시편」은 이스라엘 사람들의 찬양집이었습니다. 하나님께서는 당신에게 찬양을 올리게 할 목적으로 시편에다 영감을 불어넣으셨습니다.

마치 하나님께서 당신의 백성에게 이렇게 말씀하시는 듯합니다. "나는 너희가 나를 찬양하기 원하지만 너희는 어떻게 찬양해야 하는지 모른다. 내가 너희에게 찬양받기 원하는 까닭은 내가 극히 자기중심적이기 때문이 아니라, 너희가 최고로 받드는 존재를 찬양하려고 하는데 나만큼 너희에게 귀한 것은 없기 때문이다. 나보다 더 찬양하기에 합당한 것은 없으며 그 사실을 아는 너희는 복이 있다. 너희가 다른 사람이나 사물보다 나를 높여 찬양하면 영원한 기쁨에 이르게 되고 그렇지 않으면 영원한 불행에 빠지게 된다. 그런데 문제가 하나 있다. 너희는 어떻게 나를 찬양해야 하는지 모르며, 온전히 참되고 나를 기쁘게 하는 방식으로 찬양하는 법을 알지 못한다. 사실 나는 너희가 볼 수 없는 존재이며 그렇기에 내가 너희에게 계시하지 않으면 너희는 나에 관해 아무것도 알 수 없다. 나는 너희에게 찬양받기를 원하며 나를 찬양하는 것이 너희에게도 유익하지만, 너희가 나를 찬양하는 법을 모르기에 이렇게 너희가 이용할 수 있도록 말씀을 준다."

왜 시편인가?

달리 말해, 하나님께서 우리에게 시편을 주신 까닭은 우리가 그 시편을 하나님께 되돌려 드리도록 하기 위함입니다. 성경에서 이렇게 분명한 목적으로 영감된 책은 시편밖에 없습니다.

게다가 우리는 시편으로 노래하는 것이 하나님을 기쁘시게 해드릴 뿐만 아니라 오늘날 하나님의 백성을 고양시키는 일이 된다는 사실을 압니다. 신약성경에 나오는 중요한 두 구절(엡 5:18-19, 골 3:16)을 보면 건강한 교회는 "시와 찬송과 신령한 노래들"로 드리는 찬양을 특징으로 하기 때문입니다.[5] 그러므로 시편에서 하나님은 우리가 다음과 같은 말씀을 사용해 그분 앞에 서도록 가르치십니다.

여호와여, 주는 나의 방패시요(시 3:3).

여호와 우리 주여, 주의 이름이 온 땅에 어찌 그리 아름다운지요. 주의 영광이 하늘을 덮었나이다(시 8:1).

주께서 생명의 길을 내게 보이시리니 주의 앞에는 충만한 기쁨이 있고 주의 오른쪽에는 영원한 즐거움이 있나이다(시 16:11).

하나님이여, 주의 인자하심이 어찌 그리 보배로우신지요(시 36:7).

하나님이여, 상하고 통회하는 마음을 주께서 멸시하지 아니하시리이다(시 51:17).

하나님이여, 주의 의가 또한 지극히 높으시니이다. 하나님이여, 주께서 큰일을 행하셨사오니 누가 주와 같으리이까(시 71:19).

하나님이여, 주의 도는 극히 거룩하시오니 하나님과 같이 위대하신 신이 누구오니이까(시 77:13).

주는 선하사 사죄하기를 즐거워하시며 주께 부르짖는 자에게 인자함이 후하심이니이다(시 86:5).

여호와 나의 하나님이여, 주는 심히 위대하시며 존귀와 권위로 옷 입으셨나이다. 주께서 옷을 입음 같이 빛을 입으시며 하늘을 휘장 같이 치시며(시 104:1-2).

주의 말씀은 내 발에 등이요 내 길에 빛이니이다(시 119:105).

여호와여, 주께서 나를 살펴보셨으므로 나를 아시나이다. 주께서 내가 앉고 일어섬을 아시고 멀리서도 나의 생각을 밝히 아시오며(시 139:1-2).

주의 나라는 영원한 나라이니 주의 통치는 대대에 이르리이다(시 145:13).

여러분은 이런 관점에서 시편을 생각해 본 적이 있으십니까? 하나님께서는 우리의 유익과 당신의 영광을 위해 우리가 당신을 찬양하길 원하십니다. 그리고 정말이지 하나님의 영을 모신 사람은 누구든지 그분을 찬양하기를 갈망합니다. 하지만 우리로서는 어떤 종류의 찬양이 영화로우신 하나님께 합당한지 알 길이 없습니다. 그래서 하나님은, 하나님의 영께서 우리 안에 불러일으키는 갈망들을 나타내 보일 뿐만 아니라 하나님의 영광에 합당하기도 한 찬양들을 시편 속에다 분명하게 밝혀 놓으셨습니다. 그러므로 시편으로 기도할 때 우리는 하나님께 아뢰고 노래하도록 그분께서 분명하게 영감을 부어 주신 말씀들을 하나님께로 되돌려 드리는 것입니다.

> 말씀으로 기도하기에 가장 좋은 성경 본문은 시편입니다. 왜냐하면 하나님께서는 당신에게 찬양을 올리게 할 목적으로 시편에 영감을 불어넣으셨기 때문입니다. 시편으로 기도할 때 우리는 하나님께 아뢰고 노래하도록 영감을 부어 주신 말씀들을 그분께 되돌려 드릴 수 있습니다.

'오늘의 시편'

날마다 시편으로 기도하는 체계적인 방편을 여러분에게 권하고 싶습니다. 이 방법은 내가 처음 고안한 것은 아닌데, 수십여 년 전 어떻게 이 개념을 처음으로 알게 되었는지는 생각이 나지 않습니다. 바로 '오늘의 시편'이라는 것입니다. 이 방법이 어떻게 이루어지는지 설명하기 전에, 시간을 들여 이 방법을 배우는 것이 왜 여러분에게 가치가 있는지 내 생각을 밝힙니다. 여러분이 시편으로 기도할 때 '오늘의 시편' 방법을 이용하면 성경을 여기저기 뒤적이며 흥미로워 보이는 시편을 찾아 헤매는 일을 피할 수 있게 됩니다. 이처럼 즉흥적으로 기도하는 방식은 흔히 시편의 많은 부분을 빠뜨리는 결과를 낳습니다. 또 여러분이 기도하는 대신 성경의 여러 장을 목적 없이 떠돌게 됨으로써 기도의 추진력을 약화시킬 수가 있습니다.

'오늘의 시편'을 따라 여러분은 30초 정도 시간을 내서 정해진 다섯 편의 시편을 빠르게 훑어보고, 그때의 형편에서 가장 효과적으로 기도로 안내할 시편을 하나 선택합니다. 이렇게 하는 것은 150편의 시편을 30일로 나눈 것에 근거합니다(한 달은 대부분 30일로 이루어지기 때문입니다). 그 결과 하루의 몫으로 시편 다섯 편이 배정됩니다. (기도에다 수학을 끼워 넣는 것이 납득이 안

된다면 그냥 제 말을 따라오시기 바랍니다. 이 책 끝에 실어 놓은 간단한 도표가 지금 내가 설명하는 것을 분명하게 이해하도록 도와줄 수 있을 것입니다.)

달리 말해, 만일 여러분이 한 달 동안 하루에 시편 다섯 편을 읽는다면 한 달이 끝날 때는 시편 전체를 다 읽게 됩니다. 하루에 시편 다섯 편을 읽는 일이 사람들 사이에서 널리 통용되는 관례이지만 내가 여기서 주장하려는 것은 그것이 아닙니다. 내가 제안하는 것은 30초 동안 재빠르게 시편 다섯 편을 훑어보고 그 가운데서 한 편을 기도할 본문으로 선택하는 것입니다.

그 과정을 구체적으로 설명하면 다음과 같습니다. 첫 번째 시편은 이번 달의 오늘 날짜에 해당하는 시편입니다. 만일 오늘이 15일이라면 첫 시편은 15편이 됩니다. 매달 15일에 여러분은 시편 15편으로 시작합니다.

두 번째 시편에 이르기 위해서는 간단히 30을 더하면 됩니다. 왜 30입니까? 한 달이 30일로 이루어지기 때문입니다. 이렇게 15에다 30을 더하면 45가 됩니다. 따라서 여러분이 훑어볼 두 번째 시편은 45편입니다.

다섯 편을 채울 때까지 계속해서 30씩 더해 가면 됩니다. 45편에 30을 더하면 75편, 다시 30을 더하면 105편, 이어서

30을 더하면 135편이 됩니다. 그렇게 15일에 해당하는 '오늘의 시편'은 15, 45, 75, 105, 135편입니다. 이 다섯 편이 매달 15일에 해당하는 '오늘의 시편'입니다. 그러므로 이번 달, 다음 달 그리고 그다음 달의 15일에, 여러분은 30초 동안 시편 15, 45, 75, 105, 135편을 훑어보고는 다섯 편 가운데 하나를 기도할 시편으로 선택합니다.

큰달의 31일에는 어떤 시편을 사용할까요? 그날에는 시편 119편의 일부로 (시간이 충분하다면 전부로) 기도합니다. 물론 시편 119편은 29일에도 나옵니다. 29일에 속한 '오늘의 시편'이 29, 59, 89, 119, 149편이기 때문입니다. 하지만 여러분이 29일에 시편 119편을 선택해 기도한다고 해도 그 길이 때문에 미처 기도에 사용하지 못한 부분이 있게 되고 그것을 31일에 기도할 때 사용할 수 있습니다.

여기서 잠깐, 내가 교수 기질을 발휘해 깜짝 퀴즈를 하나 내겠습니다. 오늘에 해당하는 '오늘의 시편'은 무엇입니까?

답을 찾았습니까? 필요하다면 이 책 뒤에 실어 놓은 도표를 참고하여, 이번 달의 특정한 날에 해당하는 '오늘의 시편' 다섯 편을 확인하는 방법을 여러분이 제대로 이해하는지 점검하시기 바랍니다.

유익

앞서 살펴보았듯이, 이 간단한 방법에서 얻는 가장 큰 유익은 여러분에게 방향 감각과 추진력을 준다는 것입니다. 기도하고자 엎드린 여러분의 상태가 아무리 지치고 졸리고 산만하더라도 이 방법을 사용하면 그날에 여러분이 살펴보아야 할 시편 다섯 편이 무엇인지 정확하게 알 수 있습니다. 또 이 방법은 여러분이 "자, 보자. 오늘은 어떤 시편을 사용해야 할까? 음, 이것은 어떨까? 아니, 이것은 며칠 전에 읽었어. 그러면 이것은 어떨까? 안 돼, 이 시편은 별로 마음에 안 들어"라고 말하는 일을 피할 수 있게 해줍니다. 이렇게 무질서한 방법은 우리의 마음이 기도의 창공으로 날아오르도록 돕기는커녕 대체로 영혼 속에 쓰레기를 가득 채워 넣습니다. 여러분이 훑어보게 될 시편들이 어떤 것인지 즉시 아는 것이 훨씬 더 도움이 됩니다.

'오늘의 시편' 계획을 사용할 때 얻는 두 번째 유익은, 여러분이 시편 150편 전체를 정기적이고 체계적으로 만날 수 있게 해준다는 점입니다. 시편은 전체가 똑같이 영감으로 이루어졌으며 그렇기에 모두 다 여러분의 기도에 포함할 만한 가치가 있습니다. 모든 150편이 똑같이 기도에 사용하기에 쉬운 것은 아니지만—저주 시편들은 시편 23편과 비교해 보면 기도하기가 훨씬 더 부담스럽습니다—모두 동일하게 하나님께서 영을 불어넣으신 것들입니다. 만일 여러분이 날마다 30초 동안 다섯 편의 시편을 살피다 보면 참 기이하게도 그 가운데서 한 편이 도드라져 무엇인가를 말하고 싶게끔 여러분의 마음을 움직이는 경험을 하게 됩니다.

> 기도하고자 엎드린 여러분의 상태가 아무리 지치고 졸리고 산만하더라도 여러분은 시편으로 기도하는 방법을 통해 기도의 방향 감각과 추진력을 얻게 됩니다.

'오늘의 시편'으로 기도하기

'오늘의 시편'을 찾는 법을 설명했으므로, 다음으로 그것을 이용해 이 책이 제시해 온 말씀으로 기도하기가, 구체적으로는 시편으로 기도하기가 어떻게 이루어지는지 간단하게 살펴보겠습니다. 오늘이 20일이라고 가정합시다. 그러면 오늘의 시편은 20편과 50, 80, 110, 140편입니다. 이 시편들을 빠르게 훑어보고 나서 기도할 시편으로 20편을 선택했다고 합시다. 여러분은 먼저 1절의 "환난 날에 여호와께서 네게 응답하시고"라는 구절을 읽고서 이런 식으로 기도합니다.

주님, 오늘 내게 응답하소서. 내가 환난 중에 있습니다—재정 문제가 꼬이고, 몸이 아프고, 인간관계가 뒤틀려 어려움을 겪고 있습니다. 오 주님, 내게 응답하소서. 참 여러 가지 일로 어려움을 당하고 있습니다.

이어서 1절의 후반부인 "야곱의 하나님의 이름이 너를 높이 드시며"라는 구절을 읽습니다. 그리고 이 구절의 인도를 받아 이렇게 기도합니다.

야곱의 하나님, 당신의 아들 예수님을 통해 나를 높은 곳에 안전하게 거하게 하신 은혜에 감사드립니다. 나는 결코 넘어지지 않습니다. 주님께서 성령을 통해 나를 보존하시기에 내가 높은 곳에 튼튼히 섰습니다. 에베소서의 말씀은 내가 그리스도와 함께 하늘에 앉아 있다고 말합니다. 그처럼 나를 안전하게 지키시고 또 그리스도 안에서 내게 베푸신 모든 일로 인해 주님께 감사드립니다.

여러분은 이렇게 기도하면서 벌써 믿음이 강해지는 것처럼 느끼기 시작했을 것입니다. 하나님께 응답을 구하는 중에 진정 주님께서 응답하시리라는 확신이 자라게 되는데, 그 까닭은 여러분이 열렬하게 청원하기 때문이 아니라 주님께서 그리스도 안에서 여러분을 높은 곳에 안전하게 세우셨다는 사실 때문입니다. 이 같은 점을 가리켜 오스트레일리아 신학자인 그레엄 골즈워디Graeme Goldsworthy는 말하기를 "시편으로 기도할 때 그리스도의 중보를 통해 시편에서 여러분에게 이어지는 길을 생각해 보라"고 했습니다.[6]

힘을 얻은 여러분은 2절로 넘어가 "성소에서 너를 도와주시고"라는 구절을 읽고 이렇게 기도합니다.

> 오 하나님, 오늘 하늘에 있는 성소로부터 내게 도움을 베푸소서. 나의 재정 문제에 도움을 베푸시고, 나의 자녀 문제를 도와주시고, 직장에서도 나를 도와주소서. 권위로 충만한, 지극히 높은 곳에서 나를 헤아려 믿음 없음을 도와주소서. 오늘 내가 유혹에 담대히 맞서도록 하늘에서 도와주소서. 오 주님, 간절히 구하오니, 하늘 보좌로부터 내게 도움이 임하게 하소서.

그 외의 많은 문제들에 대해서도 하늘로부터 도움이 임하도록 기도할 수 있으며, 그다음으로 3절을 읽습니다. "네 모든 소제를 기억하시며 네 번제를 받아 주시기를 원하노라." 이 구절을 묵상하면서 여러분은 다음과 같이 기도합니다.

> 하늘에 계신 아버지, 내가 주님께 드리는 제물은 당신의 완전하신 아들이신 예수님의 삶과 죽음입니다. 그는 주께서 인정하시는 제물입니다. 예수님은 당신이 기꺼이 받으시는 희생 제물입니다. 주님, 또한 나 자신을 주님께 드립니다. 있는 그대로 나의 모든 것과 내가 소유한 모든 것을 바칩니다. 저는 이것들도 주님께서 기쁘게 받으실 줄 알며, 또 성소로부터 허락되는 도움을 구하는 나의 기도도 들으실 줄 믿습니다. 그 모든 것을 완전한 제물이신 예수님의 이름으로 주님께 바치기 때문입니다.

이렇게 시편으로 시간이 다 될 때까지, 아니면 시편을 다 끝낼 때까지 계속해서 기도합니다.

시편— 작은 성경과 같은 책
성경의 여러 책들을 헤아려 볼 때, 그중에서 성경 말씀으로 기도하기에 가장 좋은 책이 「시편」이라고 생각합니다. 그 한 가지 이유는 누군가의 말처럼 "시편은 작은 성경과 같다. 성경의 가르침이 이 책에 다 들어 있다. 꽃눈의 형태로든 꽃의 모양으로든 다 시편에 들어 있다"라고 할 수 있기 때문입니다.

이렇게 시편을 쉽게 기도에 사용할 수 있는 또 한 가지 이유는 시편이 영혼의 모든 탄식을 포괄하도록 하나님께서 영감을 불어넣으셨기 때문입니다. 여러분은 150편의 시편 안에서 인간 감정의 모든 유형을 다 만날 수 있습니다. 여러분이 인생에서 경험하는 모든 것을 시편이 묘사하는 근원적 감정에서 보게 됩니다. 흥분, 좌절, 낙심, 죄의식, 용서, 기쁨, 감사, 원수들과의 싸움, 만족, 실망과 그 외의 무엇이든 모두 시편 속에서 만날 수 있습니다. 4세기 때 활동한 북아프리카 신학자로, 삼위일체 교리를 옹호한 일로 유명한 아타나시우스^{Athanasius}는 시편에 관하여 이렇게 말했습니다. "여러분이 겪는 특정한 곤경이나 필요가 무엇이든 그것에 딱 맞는 말을 바로 이 책에서 찾아낼 수 있다."[7] 여러분이 다섯 편의 시편을 대충 훑어보아도 적어도 그 가운데 한 편은 분명 그때 여러분의 마음을 힘들게 하는 문제에 대해 묘사하고 있다고 말하는 까닭이 바로 이 때문입니다.

하지만 왜 시편이 기도에 그렇게 적합한가에 대한 주된 이유는 다음과 같습니다. 하나님께서 우리에게 주신 당신의 말씀 속에 시편을 포함시킨 목적은 우리가 하나님께 아뢸 때 시편을 담아 기도하도록 하기 위해서입니다.

물론 우리는 하나님의 말씀에 포함된 어떤 책으로도 하나님께 아뢸 수 있습니다. 그래서 다음 장에서는 시편 이외의 다른 성경으로 어떻게 기도할 수 있는지에 대해 살펴보고자 합니다.

> 시편을 쉽게 기도에 사용할 수 있는 이유 중 하나는 여러분이 인생에서 경험하는 모든 감정을 150편의 시편 안에서 다 만날 수 있기 때문입니다. 하나님께서는 영혼의 모든 탄식을 포괄하도록 시편에 영감을 불어넣으셨습니다.

6. 성경의 다른 책으로 기도하기

신약성경의 서신들로
기도하는 방법을 살펴보겠습니다.

내가 무엇보다 소중하게 여기는 일은 하나님의 말씀이 내 기도를 인도하고, 말씀이 내 기도를 가득 채워 지탱해 주고 통제하는 것이다. ─존 파이퍼

내 경험에 비추어 볼 때, 쉽게 기도로 전환된다는 점에서 시편에 버금가는 것은 신약성경의 서신들입니다. 첫째, 신약의 많은 서신들은 사도 바울의 기도를 담고 있으며, 오늘날 신자들은 그 기도문들을 있는 그대로 기도에 사용할 수 있습니다(예를 들어, 엡 1:15-23; 3:14-21, 빌 1:9-11). 또 서신들의 내용은 대부분 약간만 노력을 들이면 개인적인 기도로 전용할 수 있는 것들입니다. 그래서 직접 주님께 아뢰는 많은 시편들은 기록된 그대로 기도에 사용될 수 있는 데 반해—"나의 힘이신 여호와여, 내가 주를 사랑하나이다"(시편 18:1)처럼—대체로 신약성경의 서신들은 약간 손을 볼 필요가 있습니다. 예를 들어, 로마서 8:1의 "그러므로 이제 그리스도 예수 안에 있는 자에게는 결코 정죄함이 없나니"

라는 구절은 직접 하나님께 아뢰지 않는데 그 구절을 기도로 전용하기 위해서는 그저 "주님, 예수 그리스도로 말미암아 제가 정죄에서 자유롭게 되었음을 감사합니다"와 같은 말만 보태면 됩니다.

신약성경의 서신

신약성경의 서신들에 나오는 구절로 기도하는 일이 어떻게 이루어지는지 살펴봅시다. 여러분이 선택한 본문이 데살로니가전서 2장이라고 가정합시다.[8] 시편이 기도하기에 딱 좋은데 왜 사람들이 데살로니가전서 2장으로 기도하기를 원하겠느냐고 물으실 분이 있을 듯합니다.

한 가지 이유를 말씀드리면, 데살로니가전서 2장으로 기도하려는 사람들은 그 장이 말하는 내용을 알며 또 그 주제가 바로 자신들이 기도할 필요가 있는 것이라고 믿기 때문입니다. 사랑하는 마음이 더 필요하다고 느끼고 그에 관해 기도하고자 하는 사람들은 고린도전서 13장으로 가야 한다는 것을 아는 것처럼 말입니다.

하지만 좀 더 그럴듯한 이유를 들자면, 어떤 사람이 성경 읽기 과정을 따라 읽다가 데살로니가전서 2장에 이르렀고 그래서 그 장으로 기도하기로 마음을 정했을 수 있습니다. 그 장을 읽은 후 "이 장은 정말 내게 유익하군. 그러니 시편으로 돌아가 기도하는 대신 여기서 방금 읽은 내용으로 기도해야겠어"라고 마음을 정한 것입니다.

데살로니가전서 2장을 선택했으므로 1절을 읽습니다. "형제들아 우리가 너희 가운데 들어간 것이 헛되지 않은 줄을 너희가 친히 아나니." 그러고는 이런 식으로 기도합니다.

주님, 복음을 들고 내게 다가왔던 사람으로 인해 감사드립니다. 예수님 안에 있는 영생의 말씀을 전해 준 그 사람의 신실함으로 인해 감사드립니다. 내 눈을 열어 당신이 베푸시는 구원이 내게 필요함을 깨닫게 하시고 주님의 복음을 헛되이 받은 것이 아님을 인하여 감사드립니다.

1절을 묵상하며 여러분의 마음에 떠오른 모든 것에 관해 기도한 후 2절로 넘어갑니다. "너희가 아는 바와 같이 우리가 먼저 빌립보에서 고난과 능욕을 당하였으나." "고난과 능욕을 당하였으나"라는 말씀에 여러분의 눈길이 머뭅니다. 현재 여러분의 삶을 헤집는 고난 때문입니다. 그래서 여러분이 당하는 고난과 관련된 문제들에 대해 그리고 거기서 벗어나는 것을 위해 기도합니다. 그러다가 고난당하는 여러분의 가족이나 교인, 이웃이 생각나서 그들을 위해 기도합니다. 또 "능욕을 당하"였다는 말이 특히 마음에 와 닿아 그에 관해서 기도합니다. 한 걸음 더 나아가, 최근에 교회나 뉴스에서 소식을 접한 사람들, 곧 가까이서든 멀리서든 예수를 따르다 박해를 당하고 있는 개인이나 단체를 위해 기도합니다.

이렇게 기도하기를 마치고 이어서 2절을 읽습니다. "우리 하나님을 힘입어 많은 싸움 중에 하나님의 복음을 너희에게 전하였노라." 그런 후에 여러분은 다음과 같이 기도합니다.

> 오 하나님, 내게 힘을 주셔서 직장과 길거리에서 만나는 사람들, 마음속으로 크게 싸우고 있는 사람들에게 복음을 전할 수 있게 하소서. 앞서 말한 것처럼 수단과 인도와 중국에서 핍박을 당하고 있는 그리스도인들을 위해 기도합니다. 그들에게 힘을 주셔서 정부나 거짓 종교들과의 싸움에서 굴하지 않고 담대히 복음을 전할 수 있게 하소서.

이렇게 2절에서 마음에 떠오르는 모든 것으로 기도한 후에 3절을 살펴봅니다. "우리의 권면은 간사함이나 부정에서 난 것이 아니요 속임수로 하는 것도 아니라." 말씀을 읽자마자 여러분이 아는 사람 중에 마음과 정신이 간사함으로 얼룩진 누군가가 떠오르거나, 아니면 거짓 교사에게 속아 넘어간 친구나 가족이 생각날지 모릅니다. 아니면 부정한 일에 넘어간 누군가—당신이나 배우자, 자녀—를 위해 기도합니다. 그리고 여러분이 아는 사람 중에 속임수에 희생된 사람, 이를테면 남자에게 속은 여자라든가 그 반대의 경우인 사람을 위해 기도합니다.

다시 한 번 3절을 묵상하면서 여러분은 바울이 다른 사람들과 달리 자기는 간사함이나 속임수로 가르치지 않는다고 말한 것을 보게 됩니다. 여러분도 교회의 교사들을 위해 간구하면서, 그들이 공부하고 준비하는 데 어떤 간사함도 끼어들지 못하도록 그래서 교회가 병들게 되는 일이 없도록 기도합니다. 하나님께서 그들을 부정과 해악에서 지켜 주시어 그 때문에 교회가 피해를 당하는 일이 없도록 기도합니다. 또 주님께서 모든 속임수에서 그들을 자유롭게 보존하여 주시기를 구합니다.

만일 여러분이 이런 방식으로 데살로니가전서 2장으로 기도한다면 20절 전체를 기도하는 데 시간이 얼마나 걸릴까요? 꽤 긴 시간이겠지요? 그런데도 기도할 내용이 고갈되는 일은 없겠지요?

여러분은 지금까지 기도하면서 말할 내용이 고갈되어 버리는 문제를 경험한 적이 있습니까? D. A. 카슨Carson은 사도 바울의 기도를 다룬 탁월한 책에서 다음과 같이 해결책을 제안합니다.

> 말씀으로 기도하라. 갓 기도의 길로 나선 그리스도인들이 흔히 경험하는 일은, 생각해 낼 수 있는 모든 것에 관해 기도하면서 흘낏 시계를 훔쳐보고는 3분이나 4분 내내 그러고 있음을 깨닫는 것이다. 이런 경험은 대체로 패배감과 실망감으로 이어지며 심지어 절망감을 낳기도 한다. 이 문제를 극복할 수 있는 탁월한 방법은 다양한 성경 구절로 기도하는 것이다.[9]

그러나 위에서 설명한 대로 데살로니가전서 2장을 한 절씩 이어 가며 기도할 때 무엇보다도 좋은 일은 기도할 내용이 고갈되는 일이 없을 뿐만 아니라 여러분의 기도가 지금까지 평생 동안 해 온 것과는 전혀 다르게 변한다는 점입니다. 여러분의 기도 습관을 말씀으로 기도하는 쪽으로 바꾸십시오. 그러면 다시는 진부하고 뻔한 것에 관해 진부하고 뻔한 말로 기도하지 않게 될 것입니다.

신약성경의 서신들에는 기도를 위한 풍성한 자원이 담겨 있으며, 여러분은 거의 모든 구절 속에서 많은 기도의 자원을 만나게 됩니다. 예를 들어, 데살로니가전서 2:2에서 우리는 쉼표 사이에서조차 기도할 주제를 찾아낼 수 있습니다. 신약성경의 서신들에 들어 있는 거의 모든 행들이 기도거리를 공급해 줍니다. 앞서 지적했듯이, 많은 서신들이 실제로 기도문들을 포함하고 있습니다. 그러나 이제 우리는 서신들에 들어 있는 기도뿐만 아니라 첫 인사에서 마무리 축복에 이르기까지 모든 부분으로 기도할 수 있다는 점을 확인했습니다.

> 신약성경의 서신들에는 기도를 위한 풍성한 자원이 담겨 있습니다. 많은 서신들이 실제로 기도문들을 포함하고 있으며, 서신의 첫 인사에서 마무리 축복에 이르는 모든 부분을 기도에 활용할 수 있습니다.

내러티브

이제 성경을 구성하는 또 한 가지 문학 장르인 내러티브^{Narrative} 본문을 사용해 기도하는 법을 살펴보겠습니다. 그러기 위해 요한복음 5장을 펼칩시다.

우리가 내러티브 본문으로 기도하는 법을 배워야 하는 까닭은 성경의 많은 부분이 이야기이기 때문입니다. 특히 복음서들과 사도행전, 구약성경의 많은 내용들이 그렇습니다. 하지만 내러티브 본문으로 기도하는 것과 시편이나 신약성경의 서신으로 기도하는 것 사이에는 커다란 차이가 하나 있습니다. 지금까지 우리는 본문을 미시적인 눈으로 살펴보았습니다. 시편 23편을 다룰 때 우리는 앞서 누군가가 "여호와는 나의 목자시니"라는 구절을 읽고서 그 짧은 구절로 25분 동안 기도했던 일을 살펴보았습니다. 또 데살로니가전서 2:2을 다룰 때 우리는 한 문장의 두 쉼표 사이에 나오는 단어들을 따라 몇 가지 문제에 대해 기도했습니다. 그러나 내러티브 본문을 따라 기도할 때는 본문을 파고들어 미시적으로 살피는 대신 한 걸음 뒤로 물러나 큰 그림을 그려 볼 필요가 있습니다.

요한복음 5장과 같은 내러티브 본문에서, 시작 부분인 "그 후에 유대인의 명절이 되어"(1절)라는 구절을 가지고 미시적으로 기도할 경우 과연 어떻게 될지 생각해 보십시오. 여러분이 그 구절이 담고 있는 내용으로 기도해야 한다면, 명절에 관해 기도할 방도를 억지로 짜내거나 아니면 지난 명절에 너무 풀어졌던 일을 끄집어내 고백해야 할 터인데, 그게 그리 쉽지가 않습니다. 그렇지요? 오히려 여러분은 그 이야기를 이루는 여덟 절 전체를 읽고서 큰 개념, 곧 그 이야기가 담고 있는 크고 넓은 주제에 관해 기도해야 할 것입니다. 그 까닭은 성경의 내러티브 본문 안에는 보통 무대 장치 역할을 하는 구절들이 있고 그다음에 이야기의 뼈대가 되는 내용이 나오기 때문입니다. 어떤 내러티브 본문에서 여러분이 기도해야 하는 것은 그 뼈대가 되는 내용뿐입니다.

따라서 요한복음 5장에서 여러분은 "많은 병자, 맹인, 다리 저는 사람, 혈기 마른 사람들"(3절)이라는 구절을 읽고서 여러분이 알고 있는, 치유가 필요한 사람을 위해 기도할 수 있을 것입니다. 어쩌면 "거기 서른여덟 해 된 병자가 있더라"고 말하는 5절에서 오랜 세월 질병이나 장애로 고통당해 온 가족이나 친구를 떠올리고 그를 위해 기도할 수도 있겠지요. 또 이 이야기에 나오는 치유받는 남자를 통해 여러분이 다른 사람의 고통에 얼마나 무심했는지 그래서 주님의 자비와는 얼마나 멀리 떨어져 있었는지 반성하게 되고, 용서받기를 구하고 좀 더 그리스도를 닮게 되기를 기도할 수 있을 것입니다. 무엇보다도 여러분은 이 간단한 본문을 보면서, 절망감과 무기력함에 빠져 예수님께 자비를 구하는 죄인들을 주님께서 얼마나 온유하게 대하셨는가를 새롭게 깨달을 수도 있습니다. 이에 자극받아 여러분은 주님께서 여러분을 용서하시고 자비를 베풀어 주시길 새롭게 구할 뿐만 아니라 여러분이 아는 다른 사람들—어쩌면 치유가 필요한 사람들—도 예수님께 나와 자비를 구하게 되기를 기도하게 됩니다.

여러분이 성경의 어느 한 부분으로 기도해 본다면, 성경의 어떤 구절을 만나든 그 본문으로 기도할 수 있다고 확신합니다.

> 내러티브, 곧 이야기인 성경 본문으로 기도할 때는 본문을 파고들어 미시적으로 살피는 대신 전체 이야기가 담고 있는 크고 넓은 주제에 관해 기도해야 합니다.

7. 이 책에서 가장
   중요한 부분

지금까지 살펴본 내용에 따라
삶을 바꿀 것인지 아니면
잊어버리고 말 것인지를 결정하게 됩니다.

시편이 우리에게 허락된 이유는 예수 그리스도의 이름 안에서 시편으로 기도하는 법을 배우게 하는 데 있다. — 디트리히 본회퍼 Dietrich Bonhoeffer

이 책을 안내자 삼아 여기까지 걸어온 여러분은 이제 말씀의 여행길에서 분기점에 이르렀음을 눈치챘을 것입니다. 한쪽으로는 '지식'이라 불리는 길이, 다른 쪽으로는 '변화'라 불리는 길이 열려 있습니다. 이 중요한 갈림길에서 여러분은 지금까지 살펴본 내용(그리고 앞으로 볼 내용)에 따라 여러분의 삶을 바꿀 것인지 아니면 그저 잊어버리고 말 것인지, 또 기도의 변화를 이룰 것인지 아니면 여러분이 읽고 잊어버린 책 더미 속에 이 책을 던져 넣을 것인지 결정하게 됩니다.

그 까닭은 이제 내가 여러분에게 이 책을 덮고 성경을 펴서 시편으로 기도하라고 요청하려 하기 때문입니다. '오늘의 시편'에서 하나를 선택하거나 아니면 그냥 좋아하는 시편을 펼치시기 바랍니다. 시편 23편이나 27, 31, 37, 42, 66, 103, 139편 같은 잘 알려진 시편을 선택하는 것이 이 연습을 하는 데 도움이 됩니다.

여러분이 사용할 시편을 선택하셨습니까? 좋습니다. 선택하지 못했다면 뒤로 돌아가 앞의 두 단락을 다시 읽으십시오.

이제 시편이 하나 정해졌지요? 아니라고요? 그러면 읽기를 멈추고 부디 시편 하나를 고르십시오. 혹시 "아니, 나는 계속 책을 읽고 나중에 기도하겠어"라고 생각하시는 분이 있을지 모르겠군요. 내가 이 자료를 수백 번 가르치면서 경험한 결과 이 실습을 하지 않는 사람들은 가르친 내용을 곧바로 잊어버릴 뿐만 아니라 직접 실습을 해보는 데서 얻는 유익을 거의 누리지 못한다는 것을 알게 되었습니다.

여러분이 이 책을 읽는 이유는 기도에서 더욱 풍성하고 만족스럽게 하나님을 경험하기 원해서가 아닌가요? 그러나 여러분이 이 책의 가르침을 기도 생활에 적용하지 않는다면 이 책도 여러분을 도와줄 수가 없습니다. 그래서 여러분이 배운, 시편으로 기도하는 방법을 지금 즉시—나중에 언젠가가 아니라 바로 지금—적용해 보라고 요청하는 것입니다. 그러니 아직 선택하지 못했다면, 당장 시편 한 편을 고르기 바랍니다.

이제 준비되셨지요? 그러면 최소한 7분 동안 힘써서 그 시편으로 기도하기를 부탁드립니다. 앉거나 무릎을 꿇거나 걸으면서 기도해도 상관없습니다.[10] 시간을 확인하고—타이머를 사용하면 시간을 확인하느라고 방해받지 않을 수 있습니다—이제 시작하십시오.

> 여러분은 지금까지 살펴본 내용에 따라 기도의 변화를 이룰 것인지 아니면 그저 잊어버리고 말 것인지를 결정하게 될 것입니다. 기도에서 더욱 풍성하고 만족스럽게 하나님을 경험하기를 원한다면 바로 지금 성경을 펴서 먼저 시편으로 기도해 보십시오.

8. 경험의 평가

시편으로 기도하기를 끝낸 모임에
"어떠셨습니까?"라고 물을 때마다
늘 동일한 유형의 반응을 얻었습니다.

성경의 말씀과 사상 안에서 형성된 기도만큼 신선한 말과 폭넓은 이해와 고양된 사고와 따뜻한 마음을 위해 도움이 되는 기도는 없다.

—J. 그래함 밀러 Graham Miller

이제 끝났습니다. 다시 자리로 돌아오신 걸 환영합니다. 먼저 한 가지 묻겠습니다. 여러분은 시편으로 기도하셨습니다. 맞지요? 잘 하셨습니다. 이제부터 다룰 내용은 여러분이 그 실습에 참여하셨을 때만 따라갈 수 있을 것입니다.

어떠셨습니까? 안타깝게도 여러분이 경험한 일에 대해 일일이 이야기를 나눌 수는 없지만 여러분이 하고 싶은 말이 무엇인지 저는 잘 알고 있습니다. 지금까지 내가 시편으로 기도하기를 막 끝낸 모임에 "어떠셨습니까?"라고 물을 때마다 늘 동일한 유형의 반응을 얻었기 때문입니다. 그중 가장 일반적인 몇 가지를 살펴보면 다음과 같습니다.

"마음이 길을 잃지 않았다"
여러분이 마음을 모아 한 구절로 기도할 때 훨씬 더 쉽게 기도에 집중할 수 있습니다. 여러분의 관심을 모으고 본문의 인도를 받아 기도할 때 진부하고 뻔한 것에 관해 진부하고 뻔한 말을 무심코 되풀이하는 일이 훨씬 줄어들게 됩니다. 또 특정 문제에 대한 기도를 마쳤거나 마음이 헛되이 떠돌기 시작할 때면, 그 본문에 이어지는 다음 구절로 여러분은 어렵지 않게 다시 기도에 집중할 수 있습니다.

> 마음을 모아 말씀 구절로 기도할 때 진부하고 뻔한 말을 무심코 되풀이하는 일이 훨씬 줄어들게 됩니다.

"하나님에 관해서는 더 많이,
나 자신에 대해서는 훨씬 적게 기도하였다"
성경 구절, 특히 시편으로 기도하는 일은 여러분의 기도가 좀 더 하나님 중심으로 이루어지도록 하는 특성을 지닙니다. 사람들의 보고에 따르면, 평상시보다 훨씬 더 많이 하나님을 찬양하는 경험을 했다고 합니다. 기도라는 것이 흔히 그렇듯이 "주님, 베풀어 주시길 원하는 일들을 목록으로 만들어 다시 주님 앞에 섰습니다"라고 말하는 시간이 아니라 좀 더 하나님에 관한 내용—그분의 속성, 그분의 방식, 그분의 뜻—을 다루는 일로 바뀝니다. 기도가 좀 더 하나님 중심으로 바뀌는 것은 좋은 일입니다. 그렇지 않은가요?

많은 사람들이 기도에서 자기중심적인 특성을 덜어 내고 질서 있게 기도하려고 애쓰면서 고안해 낸 것이 널리 알려진 'ACTS'라는 조합 문자입니다. 이 기억 보조 장치를 사용해서 여러분은 기도할 때 'A'(adoration, 찬양)으로 시작해서 'C'(confession, 죄의 고백)와 'T'(thanksgiving, 감사)로 나가고 나서야 'S'(supplication, 간구)에 이르게 됩니다. 이런 틀이 도움이 되기도 하지만 어느 정도 시간이 지나면 이 방법도 역시 중언부언하는 기도로 빠지게 되는 문제가 있습니다.

그래서 우리가 하나님을 중심에 모시고 기도하고자 'A'로 시작한다고 해도 또다시 "오늘은 어떻게 주님을 찬양해야 하나?"라는 물음과 씨름하는 형편에 이르게 됩니다. 또 우리에게는 날마다 새롭게 하나님을 찬양하는 방법을 찾아야 하는 시간이나 정신적 여유가 없기 때문에 습관적으로 하나님을 찬양하는 데 사용해 온 진부하고 뻔한 방법이나 말, 구절로 다시 되돌아가기가 쉽습니다.

기쁜 소식이 있습니다. 여러분이 더 이상 하나님을 찬양하는 새 방법을 찾고자 씨름하지 않아도 된다는 것입니다. 주님께서는 친히 영감을 불어넣으신, 150편으로 된 찬양들(곧 「시편」)을 우리에게 주셔서 찬양에 사용할 수 있게 하셨습니다. 이 시편들로 기도할 때 우리의 기도는 하나님께로 더 가까이 나아가고 우리 자신에게서는 더 멀어지게 됩니다. 게다가 시편으로 드리는 기도는 우리를 죄의 고백과 감사와 간구로 이끌어 주기도 합니다.[11]

"시간이 너무 짧다"
이렇게 반응하는 말을 듣고서 신나는 사람은 나뿐일까요? 목회자들도 자신의 교인이 실습을 마치고 그런 말을 하는 것을 들으면 신이 납니다. 어떤 사람은 말하길 "벌써 7분이나 지났나요? 2분이나 3분밖에 안 지난 것 같은데요"라고 합니다. 또 어떤 사람은 이르기를 "말하기가 쑥스럽지만 제가 7분 동안 온전히 기도에 집중했던 마지막 때가 언제인지 기억도 나지 않습니다. 그런데 이제는 얼마든지 더 오래 기도할 수 있을 것 같아요"라고 말합니다.

여러분이 직접 이런 경험을 했다면, 이제 아무리 기도를 계속하더라도 기도할 내용이 고갈되는 일은 없을 것이라는 사실을 아셨을 것입니다. 여러분이 할 일은 그저 다음 절로 넘어가고 또 넘어가고 시간이 다 될 때까지 그렇게 하는 것뿐입니다.

존 파이퍼가 이런 말을 했습니다. "어떻게 5분을 넘겨서 기도할 수 있는지 놀라는 사람들이 있다. 그 사람들은 기도할 내용이 고갈되어 텅 비어 있기 때문이다. 그러나 나는 여러분이 성경을 펼쳐 읽기 시작하고 각 절에서 멈춰 서서 그 구절을 기도로 전환한다면 하루 종일이라도 그렇게 기도할 수 있다고 확신한다."[12]

"살아 계신 그분과 실제로 대화하는 것 같았다"
이 반응은 기도가 어떤 것인지를 정확하게 말해 줍니다. 여러분도 아시지요? 기도는 인격이신 하나님과 대화를 나누는 것입니다. 그래서 기도를 일방통행 대화로 생각하지 말아야 합니다. 그런데도 많은 사람들은 하나님과 만날 때 자기들이 모든 말을 해야 하는 것으로 생각합니다.

"주님, 내 말에 귀를 기울이소서. 이렇게 다시 주님께 나온 것은 **내가** 주님께 아뢸 것이 있어 그것을 말씀드리기 위해서입니다. 늘 그렇듯이 동일한 것으로 내게 베풀어 주시고 그렇게 나를 위해 행하여 주시기를 구합니다."

물론 이렇게 노골적으로 하나님께 말하지는 않겠지만 실질적으로 우리가 행하는 일이 바로 그렇습니다. 우리는 거의 날마다 같은 일들에 관해 기도하게 되며, 새로운 기도 방향이라든가 하나님과 대화하는 방식에 관해 생각할 시간이나 창조적인 힘이 부족한 것이 사실입니다. 그 때문에 우리는 진부하고 뻔한 일에 관해 진부하고 뻔한 말을 하는 것으로 만족해 버립니다. 어쩌면 우리는 주님을 팔짱을 낀 채로 우리가 중언부언하며 이어 가는 독백을 묵묵히 참고 들어 주시는 모습으로 그리고 있는 것은 아닌지 모르겠습니다.

하지만 우리가 말씀으로 기도할 때면, 하나님을 향한 우리의 독백은 하나님과 **함께하는** 대화로 바뀝니다. 물론 여기서 내가 말하는 것은 어떤 영적 느낌을 감지한다든가 하나님이 우리에게 말을 걸어오는 내면의 음성을 듣는 일을 뜻하지는 않습니다. 그런 유형의 신비주의와는 상관없습니다. 그와는 달리 내가 말하는 것은 하나님께서 대화에 참여하시는 통로가 되는 성경, 곧 하나님의 말씀입니다.

그러므로 여러분이 어떤 시편의 1절을 읽을 경우, 그 말씀은 원래 인간이 종이에다 기록한 것이긴 해도 성경의 영감—성령 하나님께서 사람에게 영감을 주셔서 정확히 하나님께서 원하시는 뜻을 기록하게 하시는 것—으로 말미암아 궁극적으로는 하나님께서 말씀하시는 통로가 됩니다. 그래서 그 1절을 통해 여러분은 하나님께서 말씀하신 것에 관해 하나님께 아룀으로써 응답하게 됩니다. 아뢰기를 마치고 나서 여러분은 실제로 사람과 대화할 때처럼 처신합니다. 즉, 상대방에게 다시 말할 기회를 넘겨줍니다. 여기서는 상대방에게 말할 기회를 넘기는 것을 가리켜 '2절 읽기'라고 부릅니다. 그리고 2절에서 하나님께서 하시는 말씀이 우리의 대답을 요구하는 것이라면 다시 여러분이 하나님께 아뢰게 됩니다.

바로 이런 이유에서 이 방법을 시도하는 사람들은 흔히 "부담감이 없어졌다. 다음에 무엇을 말해야 하는지 고민하지 않게 되었다. 기도가 저절로 흘러나오는 듯했다"라고 말합니다.

형편없는 대화 상대자와 말을 이어 가려면 많은 어려움이 따르는 데 반해 이 대화에서는 여러분이 앞서 이끌 필요도 없고, 또 더 이상 말할 거리가 생각나지 않는데도 어색하게 대화를 지속해야 하는 부담감을 느끼지 않아도 됩니다. 1절에서 하나님께서 여러분에게 말씀하심으로써 대화를 시작하십니다. 여러분은 그저 그분이 이끄는 대로 응답하면 됩니다. 여러분이 응답하고 나면 이어서 하나님께서 대화를 이어 가야 하는 짐을 지시고 그

다음 절에서 다시 말씀하십니다. 이런 식으로 반복됩니다. 그리고 여러분이 원하기만 하면 하나님께서는 흔쾌히 대화를 계속하시고, 또 얼마든지 다른 대화도 허락해 주십니다.

"시편은 지금 내가 처한 삶의 상황에 직접 말을 걸어왔다"
여러분이 빠르게 다섯 편의 시편을 훑어본다면, 그 가운데서 적어도 한 편은 그 순간 여러분의 삶에서 주요한 관심사가 되고 있는 문제와 관련된다는 사실에 놀라게 됩니다. 시편을 기록한 사람들은 하나님께 속했으면서도 혈과 육을 지닌 사람들입니다. 우리처럼 그들도 실제로 고난과 시련을 겪었습니다. 여러분은 얼마 읽지 않고서도 그들의 말이 여러분의 말이 되고, 그들의 마음이 여러분의 마음을 담고 있다는 사실을 확인하게 됩니다.

"성경이 말하는 것에 대해 깊이 생각하였다"
내가 말씀으로 기도하기를 좋아하는 여러 가지 이유 중 한 가지는 그것이 기도 방법에서 끝나는 게 아니라 성경을 묵상하는 방법이 되기도 한다는 데 있습니다. 여러분은 정해진 구절을 읽고 잠시 묵상한 후에 그에 관해 하나님께 아룁니다. 그리고 다시 그 구절을 살펴보고는 한 번 더 그 과정 속으로 들어갑니다. 그렇게 해서 여러분은 말씀으로 기도할 뿐만 아니라 그 성경 말씀을 흡수합니다.

내가 지역교회나 수련회에서 집회를 인도할 때면 금요일 저녁에는 말씀으로 기도하기에, 토요일 아침에는 성경 묵상에 초점을 맞춥니다. 토요일 아침, 말씀 본문을 묵상하는 다양한 방법을 가르치는 말미에, 그 방법 가운데 하나로 '말씀으로 기도하기'를 제안합니다.[13] 그러면서 참석자들에게 전날 저녁에 했던 간단한 실습, 곧 7분 정도 시편으로 기도했던 일을 생각해 보게 합니다. 그러고는 그 시편에서 최소한 한 구절이라도 기억해 내는 사람이 얼마나 되는지 묻습니다. 대부분의 사람이 약 열네 시간 전에 기도했던 시편에서 한 구절을 기억해 낼 수 있다는 사실을 확인하게 됩니다. 더욱 놀라운 사실은 이 사람들이 평소에는 자기들이 읽은 것을 성경을 덮은 직후에도 어느 것 하나 제대로 기억하지 못한다고 말한다는 점입니다. 그런데 그런 사람들이 전날 밤에 읽은 구절의 전부나 일부를 실제로 기억한다고 증언하고 있습니다.

그 사람들은 전날 모임을 마치고 잠을 잤습니다. 또 그 구절에다 겨우 7분 정도를 할애하였습니다(게다가 7분 가운데서도 일부만을 자신들이 기억한 구절에 썼을 것입니다). 또 그들은 시편으로 기도할 때 피곤한 상태였습니다(그때가 금요일 밤 8시 30분쯤이었는데, 한 주 가운데서 가장 피곤한 시간입니다). 또 그들은 어떤 것도 기억하고자 노력하지 않았습니다—그런데도 기억했습니다. 또 그들은 다음 날 아침에 깜짝 퀴즈가 있을 것이라는 점도 몰랐습니다. 나는 그때 실제로 사람들이 눈물을 흘리면서 "내가 말씀을 기억할 수 있다니!"라고 말하는 것을 보았습니다.

여러분이 성경에서 읽은 내용을 기억할 수 있다면, 기도할 때뿐만 아니라 일상생활의 어느 순간에든지 성경의 가르침에 대해 깊이 생각할 수 있으며, 나아가 여호수아 1:8과 시편 1:2에서 말하는 대로 "주야로 그것을 묵상"하기가 훨씬 쉬워집니다.

여러분은 어떻습니까? 몇 분 전 실습하는 동안 기도했던 시편에서 한 구절을 기억해 낼 수 있습니까? 여러분이 15분 전에 시편에서 읽었던 한 줄을 기억할 수 있다면, 출근하는 길에, 점심시간에 줄을 서서 기다리는 동안에, 또 한밤중 잠에서 깨었을 때에도 그것을 기억해 낼 수 있을 것입니다. "주야로", 아무 때라도 여러분은 문득 "자, 그 구절이 무엇이었지? 그래 맞아, 내가 기억하고 있지"라고 말하게 될 것입니다. 그래서 그 구절에 관해 다시 깊이 묵상하거나 기도할 수 있을 것입니다.

아주 간단합니다. 성경 속에 머문 아주 짧은 시간만으로도 그처럼 지속적인 유익을 얻습니다. 게다가 노력할 필요도 거의 없습니다.

여러분도 이렇게 할 수 있습니다. 사실은 여러분도 할 수 있노라고 제가 설득할 필요조차 없습니다. 여러분이 실습을 제대로 했다면(앞에서 내가 "실습하는 동안 기도했던 시편에서 한 구절을 기억해 낼 수 있습니까?"라고 물은 질문에 대한 답으로) 여러분이 그렇게 해냈다고, 곧 몇 분 전에 성경에서 읽은 것을 기억한다고, 더군다나 기억하려는 특별난 노력도 없이 그랬다고 내게 이미 증명해 보였을 테니까요. 힘을 내십시오, 여러분! 이 사실에서 볼 때, 만일 여러분에게 성경이 있고 성령이 계시다면, 하나님의 말씀에서 만족스러운 유익을 얻고 의미 있는 기도 생활을 누리는 데 필요한 도구는 모두 갖춘 것이라고 확신해도 좋습니다.

'말씀으로 기도하기'는 기도 방법에서 끝나는 것이 아니라 성경을 묵상하는 방법이 되기도 합니다. 여러분은 정해진 구절을 읽고 잠시 묵상한 후에 그에 관해 하나님께 아룁니다. 이러한 과정을 통해 여러분은 성경으로 기도할 뿐만 아니라 그 성경 말씀을 흡수하게 됩니다.

"하나님의 뜻대로 기도한다는 확신이 더 커졌다"
요한일서 5:14-15에서 우리는 하나님께서 응답하시길 바란다면 그분의 뜻대로 기도해야 한다고 가르치는 것을 봅니다.

> 그를 향하여 우리가 가진 바 담대함이 이것이니 그의 뜻대로 무엇을 구하면 들으심이라. 우리가 무엇이든지 구하는 바를 들으시는 줄을 안즉 우리가 그에게 구한 그것을 얻은 줄을 또한 아느니라.

이처럼 기도가 하나님의 뜻에 일치하는 것이 중요하다고 볼 때, 여러분이 하나님의 말씀으로 기도할 때만큼 하나님의 뜻대로 기도한다는 확신을 줄 만한 것이 또 있을까요?

이와 관련해 분명히 알아야 할 사실은 말씀으로 기도한다고 해서 우리가 하나님 뜻대로 기도하지 않는데도 그렇게 기도한다고 착각하면서 성경을 잘못 해석하거나 그릇 적용하는 일이 결코 없으리라고 보증해 주지 않는다는 점입니다. 그렇기는 해도 하나님의 뜻을 분별하고 우리 기도를 하나님의 뜻에 일치시키는 방법으로서 하나님의 말씀으로 기도하는 것보다 더 좋은 것이 무엇이겠습니까?

"내가 평소에 기도하지 않았던 것들에 관해 기도했다"

이것은 내가 가장 흔히 듣는 응답 가운데 하나입니다. 여러분이 성경 구절로 기도하게 되면, 다른 때는 결코 마음에 떠오르지 않았을 문제에 관해 기도하는 경험을 하게 됩니다. 여러분의 기도 목록을 뉴욕시 전화번호부만큼 길게 작성해도 그 목록에 포함시킬 생각을 하지 못했을 사람들과 상황들을 위해 여러분이 중보기도를 하게 됩니다.[14] 나라나 세계의 여러 사건들, 세계 지도자들, 미전도 종족, 이웃이나 같은 직장의 사람들, 목회자와 선교사들, 오랫동안 잊었던 지역들, 여러 해 동안 접촉하지 못한 사람들을 위해 기도하게 됩니다.

전에 캘리포니아에서 이 기도 방법을 가르칠 때 있었던 일입니다. 어떤 여성—제니라고 부릅시다—이 토요일 아침에 나를 찾아와 지난 금요일 밤 실습할 때와 그 후에 자기에게 일어난 일에 관해 들려주었습니다. 제니가 시편으로 기도하던 중에 어떤 구절 때문에 한 친구—팸이라고 부릅시다—를 생각하게 되었습니다. 제니가 캘리포니아로 이사 오기 15년 전에 뉴욕에서 알고 지내던 친구였습니다. 제니는 15년 동안 팸과 연락이 없었습니다. 그런데도 실습하던 중에 팸이 생각나서 그녀를 위해 기도했습니다. 그날 저녁 제니가 집으로 돌아갔을 때 나라 정반대편에서 팸이 전화를 걸어와 15년 만에 처음으로 연락이 닿았고, 영적인 문제를 놓고 뜨겁게 대화를 나누었습니다.

하나님의 말씀과 생각은 우리의 시각보다 훨씬 광대하며, 하나님께서는 여러분이 성경을 통해 진부하고 뻔한 것들을 훌쩍 뛰어넘는 일에 대해 마음을 두고 기도하도록 이끄십니다.

"늘 기도해 온 일들에 관해 새로운 방식으로 기도했다"
이 반응도 내가 "어땠습니까?"라고 물을 때 가장 빈번하게 듣는 응답 가운데 하나입니다. 여러분은 성경으로 기도하면서도 늘 기도해 온 문제들을 그대로 주님께 가져갈 수 있습니다. 여러분의 가정, 미래, 재정, 직장, 학업, 교회, 사역, 그리스도인의 관심사, 당면한 위기 같은 문제들 말입니다. 그러면서도 매번 여러분은 색다른 방법으로 그 문제들에 관해 기도할 수 있습니다.

나는 신학교에서 가르칠 때 수업 시간마다 성경 읽기와 기도로 시작합니다. 그리고 기도할 때는 언제나 기본적으로 동일한 간구를 합니다. "주님, 이 수업에 복을 주소서"라고요. 여러분은 "주님, 이 수업에 복을 주소서"라는 간구를 얼마나 다양한 방식으로 기도할 수 있겠습니까? 나는 학생들에게 말씀으로 기도하는 것의 모범을 보여주기 위해 다음과 같은 방식을 사용합니다. '오늘의 시편' 중에서 한 편을 읽고서 그 시편의 한 부분으로 기도를 시작합니다. 이를테면 시편 23편을 통해 하나님께서 수업에 복 주시기를 구한다면, 내 기도는 "주님, 오늘 이 수업 중에 주님께서 목자가 되셔서 우리를 인도하소서"가 됩니다. 시편 51편을 통해서도 동일한 간구를 드리는데, "주님, 저희를 용서하소서. 온 마음으로 공부에 집중해야 하는데도 그러지 못할 때가 많습니다. 오늘은 저희를 도와주셔서 그렇게 할 수 있게 하소서"라고 기도합니다. 본문이 시편 139편이라면, 기도는 "주님, 오늘 여기 102호 강의실에 주님께서 함께하심을 압니다. 지금 우리의 교사이신 주님께서 우리를 가르치시기를 구합니다"와 같은 형태가 될 것입니다. 각각의 경우에 드리는 기도는 기본적으로 동일("이 수업에 복을 주소서")하지만, 날마다 다른 시편으로 기도하기 때문에 수업마다 다른 기도를 드리게 됩니다.

내가 볼 때, 수업 시간마다 주님께서 복 주시기를 구하는 것은 마땅한 일이라고 생각됩니다. 내 삶의 다른 영역에 속한 많은 문제들에 대해 날마다 기도하는 게 당연하다고 생각하는 것처럼 말이지요. 분명 여러분에게도 날마다 간구해야 할 일들이 많습니다. 그런 일들을 기계적으로 반복하는 것에서 벗어나서 진심을 담아 간절하게 구하는 기도로 변화시키는 방법은 매번 다른 성경 구절을 통해 그 일들을 하나님께 아뢰는 것입니다.

"진부하고 뻔한 것에 관해
더 이상 진부하고 뻔한 말을 하지 않게 되었다"
이제 말씀드릴 것은 지금까지 살펴본 모든 응답 가운데서 최고입니다. 간단하게 방법을 바꿈으로써 진부한 기도 생활에 새로운 활력을 불어넣을 수 있다는 점을 다시 한 번 강조합니다. 성경을 소유하고 성령을 모신 사람이라면 누구나 진부하고 뻔한 일에 관해 구태의연한 말을 되풀이하는 데서 오는 지루함을 해결하고, 나아가 기도하는 가운데 하나님을 즐거워하기 위해 필요한 수단을 다 갖추었습니다.

원하는 사람과 한 시간 동안 마음껏 대화 나누기가 상품으로 걸린 대회에서 여러분이 우승을 했다고 가정해 봅시다. 이 세상 그 누구하고라도 여러분은 한 시간 동안 마음대로 대화하며 무엇이라도 물을 수 있습니다. 여러분은 누구를 선택하시겠습니까? 미국 대통령? 세계적인 지도자? 유명한 가수나 음악가, 배우? 영향력 있는 그리스도인? 세계 최고의 운동선수? 탁월한 과학자나 학자? 베스트셀러 작가? 아니면 미래의 이성 친구?

내가 여러분에게 "놀라운 소식이 있습니다. 내일 아침, 그 사람과 여러분이 한 시간 동안 대화를 나누도록 약속이 잡혔습니다"라고 말한다면 어떨까요? 오늘 밤 여러분은 그 일에 대한 기대감으로 좀처럼 잠들지 못할 것입니다. 다시 가정해 봅시다. 그 대화는 여러분이 상상했던 그대로 다 이루어졌고, 만남이 끝난 후에 내가 이렇게 말합니다. "희소식이 또 있습니다. 내일 여러분은 그 사람과 한 번 더 한 시간 동안 대화를 나누게 되었습니다. 다만 조건이 하나 있는데, 여러분이 그 사람과 오늘 나누었던 대화와 정확히 똑같은 것만 말해야 합니다."

어쩌면 이 두 번째 대화에서 여러분은 첫 번째 대화 때 여러분의 마음에 분명하게 담아 놓지 못한 몇 가지를 골라 대화를 나눌 수 있을지 모르겠습니다. 그런데 만일 여러분이 앞으로 살아가는 동안 날마다 그와 똑같은 대화를 나누어야 한다면 어떻겠습니까? 얼마 지나지 않아서 그런 대화를 지속해 가느니 차라리 죽는 게 낫겠다는 생각이 들 것입니다.

서글픈 현실이지만 우리는 하나님과 대화하는 일에서도 그와 똑같이 느낄 수가 있습니다. 우주에서 가장 흥미로운 분과 여러분의 인생에서 가장 소중한 일에 관해 대화하면서도 지루해서 죽을 지경에 이를 수가 있습니다. 그렇게 된 까닭이 여러분이 하나님을 사랑하지 않아서일까요? 그렇지 않습니다. 여러분이 기도하는 문제를 소중하게 여기지 않기 때문일까요? 아닙니다. 그 근본 원인은 여러분이 그런 일들에 관해 날마다 똑같은 대화를 나누는 데 있습니다. 그렇게 하는 이상 하나님과 나누는 대화조차도 지루할 수밖에 없습니다.

그러나 이제 여러분은 해결책을 압니다. 여러분에게 있는 성경을 매개로 하나님께서 대화를 이끄시도록 맡기시기 바랍니다. 그리고 여러분은 하나님의 말씀에 응답하기만 하면 됩니다. 참 쉽지요? 누구라도 할 수 있는 일입니다.

여러분이 다른 사람들에게 이 방법을 가르칠 때

만일 여러분이 신자들의 모임에서 이 기도 방법을 가르치게 된다면, 다음 두 가지를 잊지 말고 지키시기 바랍니다.

첫째, 가장 중요한 것으로, 그 자리에서 사람들에게 성경 구절로 기도해 보도록 기회를 주십시오. 바꿔 말해, 그날 강의에서 사람들에게 말씀으로 기도하는 법을 가르치고는 다음 날이나 다음 주 시간에 실습해 보도록 미루지 마십시오. 여러분이 가르친 직후에는 그들이 "참 대단한 생각입니다. 언젠가는 저도 해보겠습니다"라고 말하겠지만 결코 그러지 않기 때문입니다.

하지만 여러분이 그들에게 몇 분 동안 시간을 주고 실제로 말씀으로 기도하기를 경험하게 한다면, 그들 중 많은 사람이 여러분처럼 빠져들게 될 것입니다. 또 여러분이 그런 것처럼 그들도 더 이상 진부하고 뻔한 일에 관해 진부하고 뻔한 말로 기도하지 않게 될 것입니다. 이렇게 기도하는 법을 기억하고자 기록할 필요도 없습니다. 마치 자전거를 타는 것처럼 그 방법을 배우고 나면 잊어버리는 일도 거의 없습니다. 오히려 더 간단할 수 있습니다. 그저 성경을 펴고 하나님께 아뢰기만 하면 됩니다.

둘째, 기도 실습을 끝낸 후에는 곧바로 참석자들의 평가를 조사하시기 바랍니다. 나는 사람들이 공개적으로 자신의 경험을 드러내어 다른 사람과 나눌 때, 그들이 경험한 흥분이 전염되는 것을 늘 보아 왔습니다. 또 그런 간증을 통해 참여자들은 서로 용기를 북돋아 줄 뿐만 아니라, 참여자들의 평가는 위에서 내가 설명한 것처럼 여러분에게 새로운 통찰력을 주어 실습에 적절하게 대응할 수 있게 해줄 것입니다.

이런 식으로 사람들에게 말씀으로 기도하는 경험의 장을 열어 주고, 그다음에 그 경험에 관해 의견을 나누도록 요청하십시오.

9. 우리가 배운 것들

우리는 어떤 주제로든지
생생하고 활기찬 방식으로
기도하는 방법을 배웠습니다.

말씀으로 기도한다는 것은 기도하는 마음으로 성경을 읽고서(또는 낭송하고서) 그 구절의 의미가 우리의 기도가 되게 하고 우리의 사고에 영감을 불어넣게 하는 것을 의미한다. ─ 존 파이퍼

지금까지 우리가 배운 것이 무엇입니까? 진부하고 뻔한 일에 관해 진부하고 뻔한 말로 기도하는 일이 거의 일반화되었다는 점과 그런 기도는 지루할 수밖에 없다는 사실을 확인했습니다. 기도가 지루할 때 우리는 기도하고 싶은 마음이 들지 않습니다. 또 기도하고 싶은 마음이 들지 않을 때 기도하는 것은 매우 힘이 듭니다. 마지못해 기도해야 할 때 기쁨이 사라지고 마음은 헛되이 떠돌고 겨우 몇 분 기도하고서 수 시간이 지난 것처럼 느낍니다. 그 결과 우리는 영적 패배자라고 느끼게 되고 스스로 수준 낮은 그리스도인이라고 단정 짓게 됩니다.

하지만 이제 우리는 진부하고 뻔하며 힘없고 침울한 기도 대신에, 기도하는 시간마다 어떤 주제로든지 그에 관해 생생하고

활기찬 방식으로 기도하는 법을 배웠습니다.

예를 들어 날마다 자식과 손주들을 위해 기도하는 여성을 생각해 봅시다. 오늘은 시편 23편으로 자식들을 위해 기도할 수 있습니다. 이 시편 본문을 따라 그 여성은 하나님께서 자기 자녀들의 "목자"가 되셔서 인도하여 주시길 여러 가지 모양으로 기도하게 됩니다. 이 목양 이미지가 지닌 힘에 의해 그 여성은 늘 해 왔던 진부하고 뻔한 방식을 버리고 하나님의 영감된 말씀으로 풍성하고 새로워진 방식을 통해 힘 있게 기도하게 됩니다.

> 다양한 성경 구절로 기도를 표현함으로써 진부하고 뻔한 것들을 지겹게 반복하던 기도가 독특한 방식의 간구로 바뀌게 됩니다.

내일은 고린도전서 13장으로 기도할 수 있으며, 그 본문을 따라 자기 자녀들에게 사랑이 풍성해지기를 주님께 구하게 됩니다. 그다음 날에는, 시편 1편을 통해 기도하면서 본문의 가르침대로 자기 자식들이 하나님의 말씀을 묵상하는 사람이 되기를 기도합니다. 여러분의 자녀를 위한 기도로서 이처럼 멋진 것이 또 있을까요? 여러분이 시편 1편으로 기도하지 않는다면 언제 이런 기도를 해보겠습니까? 또 그다음 날, 그 여성은 갈라디아서 5장으로 기도하면서 자기 자식들에게 성령의 열매가 풍성히 맺히게 되기를 주님께 간구합니다. 다음으로 시편으로 돌아가서 시편 139편을 통해 주님과 대화를 나누면서 그날 자녀들이 어디를 가든 그곳에서 하나님의 임재하심을 느낄 수 있게 해주시기를 구합니다.

사실 그 여성이 말을 다양하게 바꾸었지만 기도의 핵심— "제 자녀들에게 복 주소서"—은 변하지 않고 그대로 유지되고 있습니다. 매번 기도를 다양한 성경 구절을 통해 표현함으로써 그녀의 기도는 진부하고 뻔한 것들을 지겹게 반복하는 데서 해방되어 날마다 독특한 방식으로 그녀의 마음에서 하늘로 솟구쳐 오르는 간구로 변하게 됩니다.

10. 몇 가지 사례:

조지 뮬러,
십자가 위의 예수님,
사도행전의 그리스도인들

조지 뮬러와 예수님
예루살렘의 새 그리스도인들도
시편으로 기도하였습니다.

3천 년의 세월 동안 하나님의 사람들은 "주여, 기도를 우리에게도 가르쳐 주옵소서"라는 제자들의 청원에 대한 답을 시편에서 찾아왔다. — 켄 랭글리 Ken Langley

조지 뮬러George Mueller, 1805-1898는 신약성경 시대 이후 신앙과 기도에서 가장 뛰어났던 인물 가운데 한 사람으로 널리 인정받습니다. 그는 19세기 거의 전 기간에 걸쳐 살았으며 그중 3분의 2를 잉글랜드 브리스틀Bristol에서 지냈습니다. 그는 네 가지 사역으로 크게 영향을 끼치고 널리 알려졌지만, 오늘날 우리에게는 그가 세운 고아원들로 특히 더 잘 알려져 있습니다. 찰스 디킨스Charles Dickens 소설의 주인공인 올리버 트위스트처럼 잉글랜드에서 고아들이 끔찍한 구빈원이나 길거리에 살던 시대에, 뮬러는 그들을 데려다 먹이고 입히고 가르쳤습니다. 뮬러는 브리스틀에 세운 고아원에서 한꺼번에 2천 명이나 되는 많은 고아들을 돌봤으며, 전 생애에 걸쳐서는 1만 명 이상을 보살폈습니다. 하지만 그는 자기 사역에 필요한 것들을 누구에게도 알리지 않고 오직 기도로 하나님께만 아뢰었습니다. 사람들은 나중에 그가 발행한 연례 보고서를 확인하고서야 그가 전해에 무엇을 필요로 했었고 또 하나님께서 어떻게 공급해 주셨는지에 대해 알았습니다.[15]

뮬러는 그의 일기에다 5만 번이 넘는 특별한 기도 응답을 기록하였으며, 그 가운데 3만 번은 기도한 바로 그 시간이나 그 날에 응답되었다고 합니다. 한번 생각해 보시기 바랍니다. 60년 동안에 해마다 5백 번이나 명확한 기도 응답을 받았습니다. 날마다 하루에 한 번 이상입니다. 하나님께서는 기도에 응답하셔서 (오늘날의 달러 가치로) 5억 달러가 넘는 돈이 그의 손을 통해 흘러가게 하셨습니다.

뮬러의 사례

조지 뮬러는 어떻게 기도했습니까? 그의 말에 따르면, 스스로 "믿음의 삶"이라고 부른 초기 10년 동안—그가 무명이었던 시절이 아니라 하나님을 신뢰하고 놀라운 기도 응답들을 받은 10년 동안을 가리킵니다—그는 기도의 영 속에 사로잡히고자, 달리 말해 진심으로 기도하기를 즐기게 되고자 몸부림쳤습니다. 이러한 씨름은 그가 기도 방법에 작은 변화를 시도할 때까지 계속되었습니다. 이 변화에 대해 그는 다음과 같이 설명합니다.

내 이전 습관과 현재 습관에는 다음과 같은 차이가 있다. 전에는 잠에서 깨면 가능한 한 서둘러 기도하기 시작했으며 대체로 아침 식사 때까지나 아니면 아예 모든 시간 내내 기도하였다. 모든 일을 앞두고 나는 거의 변함없이 기도를 시작하였다.……그런데 그 결과는 어땠는가? 내게서 위안과 용기, 영혼의 겸손함 등이 솟는 것을 의식하게 되기까지는 보통 15분이나 30분, 심지어 한 시간 동안 무릎을 꿇고서 보내야 했다. 그리고 처음 10분이나 15분, 심지어는 30분 가까이 마음의 산만함과 심하게 씨름하고 나서야 겨우 기도를 실제로 시작하였다.
이제는 이런 어려움을 좀처럼 겪지 않는다. 내 마음이 진리로 풍성해졌으며 하나님과의 교제를 체험하고 있기에, 내 아버지이시며 친구이신 그분께서 (비록 내가 추하고 받을 자격이 없음에도) 당신의 고귀한 말씀을 통해 내게 말씀하신 것들에 관해 그분께 아뢴다. 지금 생각하면, 내가 좀 더 일찍 이 점을 깨닫지 못했던 것이 참 놀랍다.[16]

이렇게 뮐러는 기도에 임하여 생각을 집중하고 마음속에 기도에 대한 감정을 불붙이기 위해 30분에서 한 시간 동안 씨름하기 일쑤였습니다. 그처럼 길고 결의에 찬 투쟁을 거치고 난 후에야 비로소 그는 하나님과 교제하는 느낌 속으로 들어갔던 것으로 보입니다. 그러나 말씀 안에서 깨달은 것에 관해 하나님과 대화하는 방식으로 바꾸고 나서는 기도에서 그런 어려움을 좀처럼 겪지 않게 되었습니다.

역사상 가장 유명한 기도의 사람 중 한 명이었던 그가 밖으로 나가 들판을 거닐면서[17] 성경 구절로 기도했던 일은 일상 경험을 바꾸어 놓은 간단한 방법이었습니다. 또 여러분의 기도 생활도 그 방법으로 어렵지 않게 변화될 수 있습니다.

영국의 침례교인으로 흔히 "설교자의 황태자"라고 불리는 찰스 스펄전 Charles H. Spurgeon, 1834-1892 은 기도의 감정 문제와 관련해 이렇게 말했습니다. "우리는 기도하고 싶은 마음이 들 때 기도해야 한다. 그처럼 좋은 기회를 무시하는 것은 죄가 되기 때문이다. 기도하고 싶지 않을 때에도 기도해야 한다. 그처럼 건강하지 못한 상태에 주저앉아 있는 것은 위험하기 때문이다."[18] 그의 말이 옳습니다. 우리는 기도하고 싶은 마음이 들 때 기도해야 하며, 기도하고 싶지 않을 때도 기도해야 합니다. 하지만 내가 이 책에서 계속해서 말했듯이, 우리는 기도하고자 엎드리면서도 대부분 기도하고 싶지 않은 마음으로 그렇게 합니다.

예를 들어 여러분이 아침 7시에 일어나 기도했다면, 하루 종일 기도하고 싶은 마음이 들지 않을 것입니다. 왜 그런가요? 졸리기 때문입니다. 지난 몇 시간 동안 여러분은 하나님이나 하나님의 일은 생각하지 않은 채 잠기운에 싸여 있었습니다. 만일 여러분이 아침에 내가 하는 방식대로 한다면 잠에서 깨자마자 하나님과 하나님의 일로 마음을 불태우지 않을 것입니다. 솔직히 제 개인의 일을 말씀드리자면, 잠에서 깨어나 한참을 몽롱하게 헤매곤 합니다. 조지 뮬러조차도 잠자리에서 일어나자마자 기도하고 싶어 하지 않았다면, 여러분이 그런다고 해서 놀랄 일은 아닙니다.

좋은 소식이 있습니다. 이제 여러분은 그러한 감정에 휘둘리지 않는다는 것입니다. 하나님께서는 예레미야에게 "내 말이 불같지 아니하냐"고 말씀하셨습니다(렘 23:29). 만일 여러분이 기도하려고 하는데 마음의 영적 상태가 얼음처럼 차갑다면, 성경 말씀으로 기도해 하나님의 말씀에 불을 붙여서 그것을 여러분의 얼어붙은 마음에 던져 넣으면 됩니다. 그러면 조금 전에 했던 기도 연습에서처럼, 즉시 하나님의 말씀이 여러분의 마음을 뜨겁게 달궈서 하나님의 일들을 바라보게 하고 여러분 속에 기도하고 싶은 마음이 타오르게 할 것입니다.

내가 30년 넘게 거의 날마다 이 방식으로 기도해 온 경험에서 볼 때,[19] 완고하고 냉랭한 마음에다 신속하고 확고하게 기도의 불을 붙이는 방법으로 말씀으로 기도하는 일만 한 것이 없다고 자신 있게 말씀드릴 수 있습니다.

> 조지 뮬러는 말씀 안에서 깨달은 것에 관해 하나님과 대화하는 방식으로 기도를 바꾸고 나서부터, 기도에서 좀처럼 어려움을 겪지 않게 되었습니다.

십자가 위의 예수님

조지 뮬러나 다른 누구의 간증보다 훨씬 더 중요한 사례는 예수께서 친히 시편으로 기도하셨던 일입니다. 예수님은 십자가 위에서 짧게 일곱 구절을 말씀하셨을 뿐입니다. 로마 병사들은 피가 흐르는 예수님의 등판에서 살점이 튈 때까지 매질을 하였습니다. 예수님은 십자가에 달릴 자리까지 비틀거리며 겨우 갈 수 있었습니다. 십자가에 달린 예수님은 심각한 탈수 증세를 보였습니다. 나무에 몸을 고정시킨 세 개의 대못에 몸무게 전체가 실려 축 늘어졌기에 횡경막에 공기를 불어넣어 말하기 위해서는 못을 디디고 몸을 일으켜 세워야 했습니다. 하지만 그 일은 너무 고통스러워서 아주 짧게 말하고는 다시 주저앉을 수밖에 없었습니다. 로마 병사들이 십자가에 매단 사람들을 빨리 죽이려 할 때는 죄수들의 다리를 꺾어 몸을 세우지 못하게 하여 질식사하게 하였을 것입니다. 실제로 로마 병사들은 예수 옆에 달린 두 강도에게 그렇게 했습니다(요한복음 19:31-33을 보십시오).

그래서 예수께서 십자가 위에서 한 말이 하나같이 매우 짧았다는 사실이 이해가 됩니다. 그가 한 말 중 가장 긴 것은 "나의 하나님, 나의 하나님, 어찌하여 나를 버리셨나이까"입니다(마 27:46). 이 말은 시편 22:1에서 온 것으로 구약성경에서 십자가에 관해 예언한 말 가운데 가장 길고 명확한 구절입니다. 시편 22편은 네 권의 복음서가 기록하고 있는 것보다 더 구체적으로 십자가 형벌의 신체적 측면을 설명하고 있습니다.[20]

예를 들어, 시편 22:14에서 시편 기자는 "나는 물 같이 쏟아졌으며"라고 말하는데, 이는 사도 요한이 요한복음 19:34-35에서 예수님에 관해 기록한 것과 같습니다. 14절에서 "내 모든 뼈는 어그러졌으며"라고 말하는 것을 보는데, 이것은 희생자의 팔 다리를 심하게 비틀어 기둥에 못 박은 후에 무거운 십자가를 땅 속에 박아 넣을 때 뼈의 관절이 빠져서 어긋나는 모습을 묘사한 것입니다. 그리고 15절의 "내 혀가 입천장에 붙었나이다"라는 말은 "내가 목마르다"라는 예수의 부르짖음에서 성취되었습니다(요 19:28).

이에 더해 시편 22:7에 나오는, "나를 보는 자는 다 나를 비웃으며 입술을 비쭉거리고 머리를 흔들며 말하되"라는 말은 "지나가는 자들은 자기 머리를 흔들며 예수를 모욕하여"라고 말하는 마태복음 27:39에서 성취됩니다. 시편 22:8에 보면 사람들이 "그가 여호와께 의탁하니 구원하실 걸"하며 비웃는 말이 나오는데, 이것은 마태복음 27:43에서 예수가 사람들에게 멸시당하는 말인 "그가 하나님을 신뢰하니……이제 그를 구원하실지라"와 같습니다. 시편 22:16에서 다윗은 자기를 미워하는 적들에 대해 "개들이 나를 에워쌌으며 악한 무리가 나를 둘러 내 수족을 찔렀나이다"라고 말하는데, 이것은 십자가 아래서 다윗의 자손을 모욕하고 희롱하는 사람들을 정확하게 묘사합니다.

게다가 시편 22:17을 보면 시편 기자가 "내가 내 모든 뼈를 셀 수 있나이다"라고 말하고 있는데, 이 말은 예수님께도 그대로 해당된다고 볼 수 있습니다. 로마 병사들은 사람들을 벌거벗겨 십자가에 매달았기 때문입니다. 그다음 구절은 "[그들이] 내 겉옷을 나누며 속옷을 제비 뽑나이다"라고 말하는데, 이것은 마태복음 27:35에서 로마 병사들이 예수님의 옷을 두고 저질렀던 일과 정확히 일치합니다.

그래서 나는 예수께서 발에 박힌 못을 디디고 몸을 곧추 세우고는 하나님을 향해 시편 22편의 첫 절로 부르짖은 후에 다시 주저앉아서 시편 22편으로 계속 기도했으리라고 확신합니다.[21] 이렇게 말하는 데는 어느 정도 추측이 섞여 있지만 우리는 예수님이 그 첫 구절로 기도했다는 것은 확실히 압니다. 또 예수님이 십자가에 달려서 왜 말을 적게 할 수밖에 없었는지도 압니다. 그리고 그 순간 예수님은 시편 22편을 문자적으로 성취하셨으며, 그 때문에 그가 1절을 큰 소리로 기도한 후에 십자가에 축 늘어져서 침묵 속에서 시편 22편의 나머지로 기도했다고 추정하는 것이 매우 타당하다고 나는 믿습니다.

그리고 마지막으로 예수님은 마지막 남은 힘까지 그러모아 하늘을 우러르며 시편 31:5의 말씀을 따라 "아버지, 내 영혼을 아버지 손에 부탁하나이다"라고 기도하였습니다(눅 23:46).

예수님은 시편으로 기도하셨습니다. 그분이 이 땅 위의 삶에서 마지막으로 하신 일은 시편 말씀으로 기도하신 것입니다.

예수님은 마지막 남은 힘까지 그러모아 하늘을 우러르며 시편의 말씀을 따라 "아버지, 내 영혼을 아버지 손에 부탁하나이다"라고 기도하였습니다. 예수님이 이 땅 위의 삶에서 마지막으로 하신 일은 시편 말씀으로 기도하신 것입니다.

사도행전의 그리스도인들

사도행전 4장을 보면, 베드로와 요한이 그리스도를 전한 일로 유대 관리들에게 체포되어 협박당한 후에 23절에서 이렇게 말합니다.

> 사도들이 놓이매 그 동료[곧 교회]에게 가서 제사장들과 장로들의 말을 다 알리니 그들이 듣고 한마음으로 하나님께 소리를 높여 이르되 "대주재여, 천지와 바다와 그 가운데 만물을 지은 이시요"(행 4:23-24).

어떤 번역본들을 보면 24절의 후반부가 인용문임을 나타내기 위해 인용부호로 표시하는데, 많은 학자들이 이 말씀을 시편 146:6에서 가져온 것으로 믿습니다.

어쨌든 뒤이어 나오는 25절이 어떤 내용인지 주목해 보십시오. "또 주의 종 우리 조상 다윗의 입을 통하여 성령으로 말씀하시기를 어찌하여 열방이 분노하며 족속들이 허사를 경영하였는고." 25절의 후반부와 다음 절 전체는 시편 2:1-2에서 인용한 것입니다. 말하자면, 초대교회는 시편으로 기도했습니다. 그런데 바로 여기서 우리는 다음과 같은 말씀을 듣게 됩니다. "빌기를 다하매 모인 곳이 진동하더니 무리가 다 성령이 충만하여 담대히 하나님의 말씀을 전하니라"(행 4:31).

오순절 때와 그 이후로 신자가 된 예루살렘의 새 그리스도인들은 시편으로 기도하였습니다. 기독교 역사에서 가장 기도로 충만했고 신앙심 깊었던 사람들 가운데 한 명인 조지 뮬러도 시편으로 기도하였습니다. 그리고 예수님께서도 시편으로 기도하셨습니다. 여러분도 마땅히 그래야 하지 않을까요?

부록.

모임에서
말씀으로 기도하기

여러분의 개인 기도나 모임 기도 속에서 성경의 말씀과 정신이 울려 퍼지게 하라.
— 조너선 리먼 Jonathan Leeman

신자 개인뿐만 아니라 그리스도인 모임에서도 말씀으로 기도할 수 있습니다. 모임은 가족일 수도 있고 학급이나 성경 공부 모임, 교회의 기도 집회일 수도 있습니다. 그러나 모임의 목적이나 규모가 어떻든지 간에, 그 구성원들이 최소한 한 번이라도 개인적으로 말씀으로 기도하기를 경험하기 전까지는 그 모임을 성경 구절로 기도하도록 이끌려고 하지 마십시오. 구성원들이 직접 성경으로 기도하는 것이 어떤 것인지 알고 나면 다른 사람들과 함께 그렇게 기도하는 것이 훨씬 더 쉬워집니다.

좋은 방법

성경의 한 부분을 가지고 다른 사람과 함께 기도하는 한 가지 좋은 방법은 그냥 모임에 속한 사람 모두에게 한 절씩 맡기는 것입니다. 첫 번째 사람이 첫 구절로 기도하고, 뒤이어 둘째 사람은 둘째 구절로 기도하고, 세 번째 사람은 셋째 구절로 기도해 나가는 식입니다. 이 방식은 모임의 어떤 사람에게 "네 어린것들을 바위에 메어치는 자는 복이 있으리로다"(시 137:9)와 같은 구절이라든가 그 사람이 전혀 이해할 수 없는 본문이나 기도할 내용을 전혀 생각해 낼 수 없는 본문이 맡겨지기 전까지는 제대로 작동할 수 있습니다. 따라서 이 방법은 효과를 거둘 수도 있고 반대로 사람들을 당황하게 하여 역효과를 낼 수도 있습니다.

더 좋은 방법

더 좋은 방법은 다음과 같습니다. 시편을 하나 정해 모임에서 소리 내어 읽어 주거나 각 사람이 조용히 읽도록 시킵니다. 각 사람에게 듣거나 읽어 가면서 특별히 관심이 가는 문장이나 절을 찾으라고 시킵니다. 읽기를 마치고 나서 모든 사람에게 자기가 관심을 둔 구절을 읽는 것으로 기도를 시작하되 소리를 내어 기도하라고 요청합니다. 그래서 모든 사람이 자기가 선택한 절을 소리 내어 읽기 시작하고 이어서 기도를 합니다. 그 구절은 그들이 기도로 들어가는 도약대가 됩니다. 그들이 그 구절에서 벗어나지 않고 기도하기만 하면 이 방법은 제대로 효과를 봅니다. 만일 그 구절에서 벗어나기 시작하면, 기도는 흔히 진부하고 뻔한 것에 관해 진부하고 뻔한 말을 되풀이하는 것으로 변하게 됩니다.

가장 좋은 방법

내가 찾아낸 가장 좋은 방법은 다음과 같습니다. 시편을 읽은 다음 그 시편에서 여러분이 보기에 기도에 가장 적합하다고 여겨지는 절이나 구를 필요한 만큼 차례대로 큰 소리로 들려줍니다. 이해하기 쉽고 누구라도 기도할 수 있는 절들을 고르되 모임의 일부 사람에게라도 너무 어려운 절들은 건너뜁니다.

예를 들어, 만일 여러분이 시편 37편을 선택했다면 "여호와를 의뢰하고 선을 행하라"(3절)와 같은 절을 읽어 준 후 사람들에게 시간을 주어 그 절을 묵상하고 기도하게 하십시오. 점차 모임이 조용해지고 더 이상 누구도 기도하지 않는 것 같으면 다른 절을 큰 소리로 읽어 줍니다. 이때 한참 뒤 절로 건너뛸 수도 있습니다만, 시편 37편의 경우에는 그다음 절인 "여호와를 기뻐하라. 그가 네 마음의 소원을 네게 이루어 주시리로다"를 읽습니다(4절). 이어서 누구라도 기도할 수 있는 다른 절이나 구절을 필요한 만큼 소개하며, "내가 악인의 큰 세력을 본즉 그 본래의 땅에 서 있는 나무잎이 무성함과 같으나"와 같은 구절들은 건너뜁니다(35절). 이런 말씀들의 경우는 많은 사람이 어떻게 기도해야 할지 어려워할 것이기 때문입니다.

유익한 점들

모임에서 이 방법으로 기도하는 것으로부터 얻는 일차적인 유익은 개인 기도에서와 마찬가지로 기도가 좀 더 성경적이고 생기 넘치는 것이 된다는 점입니다. 예를 들어 이 방법을 사용하지 않을 경우, 실직한 조쉬와 수술을 앞둔 제시카를 위해 기도하자는 요청에 따를 때 조쉬를 위한 기도는 틀에 박힌 것이 되어 버리고 제시카를 위한 기도는 지난주에 수술을 받은 사람을 위해 했던 기도와 근본적으로 동일한 것이 되어 버리기 쉽습니다. 게다가 모임의 규모와는 상관없이 사람들은 단 두 부류로 나뉘어 기도하게 됩니다. 한쪽 사람들은 조쉬를 위해 기도하고 다른 한쪽 사람들은 제시카를 위해 기도합니다. 하지만 이제 여러분은 시편 37편으로 기도하기 때문에, 어떤 사람은 조쉬가 일자리를 찾을 때 "여호와를 의뢰"하게 되기를 기도합니다. 다른 사람은 조쉬가 일자리를 기다리면서 하나님 나라를 위해 "선을 행하"기를 기도합니다. 또 어떤 사람은 제시카가 불확실한 수술 결과를 앞두고 "여호와를 의뢰"할 수 있기를 기도합니다. 네 번째 사람은 이렇게 어려운 때를 지내는 조쉬와 제시카에게 교회가 목회를 베푸는 가운데 "선을 행하"게 되기를 기도합니다. 이어서 다음 절이 제시되면 사람들은 조쉬와 제시카 두 사람이 그처럼 어려운 처지에서도 주님을 기뻐하는 은혜를 받기를 다양한 방식으로 기도합니다.

모임에서 성경 구절로 기도할 때 기도는 성경의 정신을 따라 더욱 건전해 집니다. 뿐만 아니라 계속 이어지는 절이 사람들에게 기도할 새로운 영역들을 일깨워 줌으로써 더욱 많은 사람들이 기도에 참여하게 됩니다. 그에 더해 기도하는 사람들은 공허한 말을 훨씬 덜 사용하게 되고 제시된 기도 제목을 위해 더욱 간절히 기도하게 됩니다. "이 일에 복을 주소서"와 "그들과 함께 하소서"라고 막연하게 기도하는 대신 특별한 상황과 사람들에 관해 성경이 가르치는 것을 따라 기도할 수 있습니다.

> 모임 중에 말씀으로 기도하는 데서 얻는 일차적인 유익은 기도가 틀에 박힌 것이 아니라 성경적이고 생기 넘치는 것이 된다는 점입니다.

도표 '오늘의 시편'

날짜	읽어야 할 시편
1일	1　31　61　91　121
2일	2　32　62　92　122
3일	3　33　63　93　123
4일	4　34　64　94　124
5일	5　35　65　95　125
6일	6　36　66　96　126
7일	7　37　67　97　127
8일	8　38　68　98　128
9일	9　39　69　99　129
10일	10　40　70　100　130
11일	11　41　71　101　131
12일	12　42　72　102　132
13일	13　43　73　103　133
14일	14　44　74　104　134
15일	15　45　75　105　135
16일	16　46　76　106　136
17일	17　47　77　107　137
18일	18　48　78　108　138
19일	19　49　79　109　139
20일	20　50　80　110　140
21일	21　51　81　111　141
22일	22　52　82　112　142
23일	23　53　83　113　143
24일	24　54　84　114　144
25일	25　55　85　115　145
26일	26　56　86　116　146
27일	27　57　87　117　147
28일	28　58　88　118　148
29일	29　59　89　119　149
30일	30　60　90　120　150
31일	119

주

1 "너희는 다시 무서워하는 종의 영을 받지 아니하고 양자의 영을 받았으므로 우리가 아빠 아버지라고 부르짖느니라"(롬 8:15). "너희가 아들이므로 하나님이 그 아들의 영을 우리 마음 가운데 보내사 아빠 아버지라 부르게 하셨느니라"(갈 4:6). 마음에서 솟아나는 이런 외침은 그리스도인이 하고 싶다고 해서 할 수 있는 것이 아니라, 성령께서 힘을 주실 때 하나님을 새롭게 바라보고 갈망하게 되는 것이라는 사실을 알 필요가 있다.

2 이 구절이 낮잠과는 전혀 관계가 없지만, 이처럼 성경을 읽어 가면서 마음에 떠오르는 모든 것으로 기도하는 것이 타당하다는 점을 잠시 뒤에 성경을 근거로 간략하게 옹호하려고 한다. 그리고 이렇게 성경으로 기도하는 일은 성경을 해석하는 것과는 다르며, 성경 해석은 반드시 바르게 이루어져야 한다는 점도 밝히겠다.

3 Andrew A. Bonar, *Memoir and Remains of Robert Murray M'Cheyne*(1844; repr. Edinburgh: Banner of Truth, 1978), 50. 굵은 글씨체는 원본에 따른 것이다. (『로버트 맥체인 회고록』 부흥과개혁사)

4 Joni Eareckson Tada, *Speaking God's Language: Using the Word of God in Your Prayers* (Torrance, CA: Rose, 2012).

5 이 세 요소의 올바른 해석을 두고(예를 들어, "신령한 노래"가 정확히 무엇이냐에 대해) 견해가 다양하게 갈리지만 이 구절이 「시편」과 같은, 성경에 나오는 영감된 노래들을 포함한다는 점에서는 의견 차이가 거의 없다.

6 Graeme Goldsworthy, *Prayer and the Knowledge of God: What the Whole Bible Teaches* (Downers Grove, IL: InterVarsity, 2004), 143. (『기도와 하나님을 아는 지식』 IVP)

7 Athanasius, *St. Athanasius on the Psalms: A Letter to a Friend* (London: Mowbray, 1949), 2014년 11월 2일 접속, http://cs-people.bu.edu/butta1/personal/marcelli.htm.

8 우리가 신약성경에서 로마서 8장과 고린도전서 13장처럼 널리 알려진 장을 사례로 삼는다면, 데살로니가전서 2장처럼 비교적 덜 알려진 다른 장들을 사례 삼아 살펴보는 것에 비해 교육적인 효과가 떨어질 수 있다. 신약성경의 서신들을 보면 대부분의 장들이 로마서 8장이나 고린도전서 13장만큼 잘 알려진 것들이 아니다. 여기서 데살로니가전서 2장을 사례로 살펴봄으로써 여러분은 신약성경의 서신들로 기도하게 될 때 일반적으로 마주치게 되는 장들의 성격을 좀 더 쉽게 이해할 수 있다.

9 D. A. Carson, *Praying with Paul: A Call to Spiritual Reformation* (Grand Rapids, MI: Baker Academic, 2014), 3. (『바울의 기도』 복 있는 사람)

10 여러분은 개인적으로 이 실습에 참여하고 있는지 모르겠으나, 나는 1천 명이나 되는 많은 사람들로 이루어진 여러 모임에서 집단적으로 이 실습을 인도해 왔다. 만일 여러분이 다른 사람들에게 이 기도 방법을 가르칠 기회를 얻게 된다면, 각 개인이 수많은 사람들에게 둘러싸인 형편에서도 시편으로 기도하게 하는 것이 가능하다. 옆 사람과 속삭인다든가 기타 불필요하게 방해가 되는 일들만 하지 않도록 주의를 주라. 형편에 따라 원하는 사람들은 방의 적당한 위치로 옮기거나 빈방 또는 건물 밖으로 나가도록 하는 것도 가능할 것이다. 실습에 어느 정도 긴 시간을 할애할 수 있을 경우, 날씨가 좋으면 야외로 나가서 기도하게 해도 좋다. 내가 신학교 수업에서 이 기도 방법을 가르칠 때면 20분에서 25분 정도 실습할 시간을 주고 원하는 사람은 마음대로 건물 밖 적당한 자리에서 기도하거나 교정을 천천히 걸으면서 기도하라고 제안한다.

11 ACTS 기도 방식이 제시하는 것 같이 기도의 특정 요소들을 포함하는 것에 대한 관심이 늘면서 마태복음 6:9-13과 누가복음 11:1-14에 나오는 '모범 기도'—'주기도문'이라고 불린다—와 관련된 문제가 생겨났다. 예수께서 분명한 기도의 모범을 우리에게 보여주셨는데 어떻게 사람들에게 시편이나 성경의 다른 부분들을 기도의 지침으로 사용하라고 가르칠 수 있을까? 누가복음 11:2에서 우리는 주기도문을 문자 그대로 따라 기도하는 것이 옳다고 말하는 것을 볼 수 있다. 예수께서 "너희는 기도할 때에 이렇게 하라"(When you pray, say:……)고 말씀하셨기 때문이다. 그러므로 개인 기도나 회중이 함께 하는 기도에서 주기도문으로 기도하는 것은 성경적으로 타당한 방법이다. 그러나 마태복음 6:9을 보면, 예수께서 "너희는 이렇게 기도하라"(Pray then like this:……)고 말씀하시는데, 이 말은 우리의 기도가 주기도문을 닮거나 비슷해야 한다는 의미로 이해할 수 있다. 달리 말해, 마태복음 6:9-13에 나오는 예수님의 기도는 우리가 본받아야 할 기도의 모범으로서, 하나님을 기쁘시게 하는 요소들을 담고 있는 기도이다. 사도들은 예수께서 제자들이 반드시 따라야 할 유일한 기도를 규정하신 것

이 아니라 사례를 제시하신 것이라고 생각했다. 신약성경에서 두루 발견되는 기도들을 보면 어디서도 주기도문을 그대로 반복하는 예를 만날 수 없기 때문이다. 이 책의 논지에서 볼 때, 만일 우리가 꾸준하게 성경 구절로 기도한다면 결국에는 예수께서 모범 기도에 담아낸 내용들로 기도하게 된다고 요약할 수 있겠다. 우리가 기도하는 모든 본문이 모범 기도가 제시하는 요소들을 모두 포함하지는 않겠지만, 멀리 그리고 넓게 볼 때 성경은 기도하는 그리스도인의 정신 속에다 모범 기도가 담고 있는 모든 것을 펼쳐 보이게 된다.

12 John Piper, "Should I Use the Bible When I Pray?", 2014년 10월 31일 접속, http://www.desiringgod.org/interviews/should-i-use-the-bible-when-i-pray.

13 나의 책 *Spiritual Disciplines for the Christian Life*(Colorado Springs, CO: NavPress, 2014), 56-68에서 성경을 묵상하는 17가지 방법을 제안하였다. (『영적 훈련』 네비게이토)

14 성경으로 기도할 때 기도 목록을 어떻게 이용할 수 있을까? 성경으로 기도하면서 기도 목록을 이용하는 사람들이 있는가 하면 그냥 그날에 본문이 제시하는 기도 제목을 따르는 사람도 있다. 달리 말해, 기도할 문제들을 일목요연하게 목록으로 정리하여 관리하는 대신 즉흥적으로 성경을 읽다가 마음에 떠오르는 것을 하나님께 아뢰며 미리 계획된 일에 대해 잊지 않고 기도했는지는 신경 쓰지 않는 사람들이 있다. 혹시 여러분이 기도 목록을 사용해 기도하는 것이 몸에 배었는데 시험 삼아 즉흥적으로 기도해 본 결과 이전만큼 특정 사람이나 문제에 대해 기도하지 않게 되었다면 다시 기도 목록을 사용하는 방법으로 돌아가라. 체계적인 계획을 좋아하는 사람의 경우, 성경 구절로 기도하는 것과 그 계획을 통합하는 한 가지 방법으로 성경 옆에다 기도 목록을 두고서 말씀 본문으로 기

도할 때마다 성경에서 읽은 내용과 그 목록에 있는 사람들을 일치시켜 기도하는 것이다. 예를 들어, 여러분이 시편 23편으로 기도한다면, "여호와는 나의 목자시니"라는 절을 읽을 때 "내 기도 목록에서 목자의 돌봄을 필요로 하는 사람이 누구인가?"라고 묻는 것이다. 이어서 "내게 부족함이 없으리로다"라는 절을 읽고는 여러분의 기도 목록에서 궁핍함으로 어려움을 당하는 사람을 확인하고 그를 위해 기도하는 식으로 계속해 나간다.

15 이 연례 보고서를 읽은 후 당연히 많은 사람들이 뮬러의 사역에 기꺼이 기부하였다. 그래서 이런 보고서들은 뮬러가 후원금을 늘리는 간접적인 수단이 되었다.

16 Roger Steer, ed., *Spiritual Secrets of George Muller*(Wheaton, IL: Harold Shaw, 1985), 62.

17 Steer, 61.

18 C. H. Spurgeon, *The Salt Cellars: Being a Collection of Proverbs, Together with Homely Notes Thereon, Vol. I: A to L*(London: Passmore & Alabaster, 1889), 58.

19 1985년 3월 1일부터 이 책이 출간된 2015년 중반까지.

20 복음서 저자들은 유대 지도자들의 조롱이라든가 병사들의 행동, 예수와 함께 십자가에 달린 두 강도들의 말처럼 십자가 처형과 연관되어 일어난 여러 가지 일들에 관해 기록하고 있다. 그러나 복음서에는 "내가 목마르다"(요 19:28)라고 하신 말씀과 같이 예수님의 육체적인 고통을 분명하게 드러내는 정보는 매우 빈약하다.

21 영국의 성경 주석가인 고든 웬함은 한 걸음 더 나가 이렇게 말한다. "우리 주님께서는 십자가에 달리셨을 때 시편을 사용해 자기 방식으로 기도하신 것이라고 사람들은 생각해 왔다.······그렇게 기도하는 것은 매우 타당하다고 여겨졌는데, 초기의 많은 시편들은 선한 사람이 고난당하면서 하나님께 도움을 구하여 부르짖는 기도이기 때문이다." Gordon Wenham, *The Psalter Reclaimed: Praying and Praising with the Psalms*(Wheaton, IL: Crossway, 2013), 38–39.

찾아보기

'개인 영성 훈련' 과목 52
골즈워디, 그레엄(Goldsworthy, Graeme) 69
기도('기도의 일상적인 주제들'과 '말씀으로 기도하기'도 보라.)
  누구나 만족스럽고 의미 있는 기도 생활을 할 수 있다 27-30
  "기도로 모든 일"을 하나님께 가져가기 41
  별생각 없이 반복하는 기도 10-11, 14-19, 22-24, 29, 45, 53, 92, 95, 106, 110
  성경에 나오는 기도들로 기도하기 31, 74-76, 134-135 주11
  인격이신 하나님과 나누는 대화로서의 기도 94
기도의 일상적인 주제들 19-20

가정 20
그리스도인의 관심사 20-21
미래 20
삶의 당면한 위기 21
재정 20
직업과 학업 20
내러티브(Narrative) 본문으로 기도하기 80-83
  내러티브 본문에서 뼈대가 되는 내용으로 기도하기 82
  내러티브 본문에서 큰 그림을 찾기 81-82
  요한복음 5장으로 기도하기 81-83
랭글리, 켄(Langley, Ken) 114
리먼, 조너선(Leeman, Jonathan) 126

말씀과 시편으로 기도하기에 대한 여러 가지 반응
 "내가 평소에 기도하지 않았던 것들에 관해 기도했다" 102-103
 "늘 기도해 온 일들에 관해 새로운 방식으로 기도했다" 103-105
 "마음이 길을 잃지 않았다" 91
 "살아 계신 그분과 실제로 대화하는 것 같았다" 94-97
 "성경이 말하는 것에 대해 깊이 생각하였다" 97-100
 "시간이 너무 짧다" 93-94
 "시편은 지금 내가 처한 삶의 상황에 직접 말을 걸어왔다" 97-99
 "진부하고 뻔한 것에 관해 더 이상 진부하고 뻔한 말을 하지 않게 되었다." 105
 "하나님에 관해서는 더 많이, 나 자신에 대해서는 훨씬 적게 기도하였다" 91-93
 "하나님의 뜻대로 기도한다는 확신이 더 커졌다" 101
말씀으로 기도하기(다음의 항목들도 보라. '내러티브(Narrative) 본문으로 기도하기', '말씀과 시편으로 기도하기에 대한 여러 가지 반응', '모임에서 말씀으로 기도하기', '시편으로 기도하기', '신약성경의 서신들로 기도하기') 10, 26, 31, 40-41, 47-49, 74-75, 90, 110-112, 117-119
 기도에 사용하는 시간 53, 93-94
 다른 때는 결코 마음에 떠오르지 않았을 문제들에 관해 기도하기 102-103
 다른 사람들에게 이 기도 방법을 가르치기 107-108, 134 주10
 말씀으로 기도하기와 하나님과 나누는 대화 94-97, 105
 말씀으로 기도할 때 기도 목록의 사용 135-136 주14
 말씀으로 기도할 때 얻는 유익 52-55
 말씀을 따라 기도에 집중하기 91
 성경 묵상의 한 방법인 말씀으로 기도하기 97-100
 성경 해석하기와 말씀으로 기도하기 41-45, 132 주2
 영감된 말씀을 포함하는, 말씀으로 기도하기 54-55
 일상적인 관심사에 관해 새로운 방법으로 기도하기 103-105
 하나님의 뜻대로 기도하기 101
 하나님의 말씀과 영에 대한 신뢰 45-47
 하나님 중심으로 기도하기 91-93
맥체인, 로버트 머리(M'Cheyne, Robert Murray) 46

모범 기도(Model Prayer) 134 주11
  규정이 아니라 사례로 제시된 모범
  기도 134-135 주11
모임에서 말씀으로 기도하기 126
  가장 좋은 방법 128-129
  더 좋은 방법 127-128
  모임에서 기도하기에 앞서 개인들이
  말씀으로 기도하기를 체험하는 일의
  중요성 126
  모임에서 말씀으로 기도할 때 얻는
  유익들 129-130
  좋은 방법 126-127
무어, T. M.(Moore, T. M.) 26
뮬러, 조지(Mueller, George) 114-117, 124
  고아들을 돌본 사역 114-115
  뮬러가 일기에 기록한 특별한 기도
  응답들 115
  조지 뮬러가 기도한 방법 115-117
밀러, J. 그래함(Miller, J. Graham) 90
본회퍼, 디트리히(Bonhoeffer, Dietrich) 86
사도행전에서 시편으로 기도한 그리스
도인들 123-124
성경
  성경의 영감 96
  성경의 해석 41-44
  하나님의 말씀인 성경 95-96

성령
  성령과 성경의 영감 96
  성령의 거하심 11-14
  성령의 거하심과 기도의 열망 14, 22-24, 62
  성령의 "보존하시는 사역" 23-24
  성령이 내주하셔서 마음으로 "아빠
  아버지"라고 외치도록 이끄심 14, 23, 132 주1
스펄전, 찰스(Spurgeon, Charles H.) 117
"시와 찬송과 신령한 노래들" 59-60, 133 주5
「시편」('시편으로 기도하기'도 보라.) 58-59
  신자들의 삶의 상황에 적용되는 시편
  97
  이스라엘 사람들의 찬양집인 「시편」
  58
  인간 감정의 모든 유형을 담고 있는
  「시편」 71
  "작은 성경과 같은 책"인 「시편」 70-72
  저주 시편 49-52
  '찬양의 책'인 「시편」 58
  하나님께서 시편에다 영감을 부으신
  목적(우리가 하나님께 돌리는 찬양에 시
  편을 포함하도록 하기 위해서) 58, 59-62, 71

시편으로 기도하기('말씀과 시편으로 기도하기에 대한 여러 가지 반응'도 보라.) 31, 34, 58, 74, 86, 93, 96, 114

   사도행전에서 시편으로 기도한 그리스도인들 124

   시편으로 기도할 때 얻는 유익 66-67

   시편 1편으로 기도하기 111

   시편 20편으로 기도하기 67-70

   시편 23편으로 기도하기 34-38, 44-45, 47-49, 104, 111

   시편 37편으로 기도하기 128-129

   시편 51편으로 기도하기 104

   시편 130편으로 기도하기 43

   시편 139편으로 기도하기 104, 112

   십자가 위에서 시편으로 기도하신 예수님 119-122, 124, 136 주20

   '오늘의 시편' 방법 63-65, 131

   저주 시편으로 기도하기 49-52, 66

   하나님께서 시편에다 영감을 부으신 목적(우리가 하나님께 돌리는 찬양에 시편을 포함하도록 하기 위해서) 58, 59-62, 71

신약성경의 서신들로 기도하기 74-75, 133 주8

   갈라디아서 5장으로 기도하기 111-112

   고린도전서 13장으로 기도하기 111

   데살로니가전서 2장으로 기도하기 75-80

십자가 처형

   구약성경에 나오는 십자가 처형 예언 가운데서 가장 길고 명확한 예언인 시편 22편 120-122

   복음서 저자들의 십자가 처형 묘사 119-120, 136 주20

아타나시우스(Athanasius) 71

ACTS 92

   A(adoration, 찬양) 92

   C(confession, 죄의 고백) 92

   T(thanksgiving, 감사) 92

   S(supplication, 간구) 92

『영적 훈련』(도널드 S. 휘트니) 135 주13

예수

   십자가 위에서 시편으로 기도하심 119-122

웬함, 고든(Wenham, Gordon) 34, 137 주21

주기도문('모범 기도'를 보라.)

주석(exegesis) 42

타다, 조니 에릭슨(Tada, Joni Eareckson) 54

카슨, D. A.(Carson, D. A.) 79

파이퍼, 존(Piper, John) 10, 40, 74, 94, 110

패터슨, 벤(Patterson, Ben) 58

해석학(hermeneutics) 41